역사는 지나치게 자세히 설명하면 지루하고 딱딱할 수 있고, 그렇다고 재미 위주로만 풀어가다 보면 역사의 본질을 놓칠 수 있지요. 그런데 이 책은 재미와 역사의 본질, 두 마리 토끼를 다 잡은 것 같아요.

— 김현애 서울영림초등학교 교사

단순한 역사적 사실 암기가 아닌 원리와 근본을 이해할 수 있습니다.

— 박성현 상일초등학교 교사

《용선생의 시끌벅적 한국사》를 사회 교과서와 함께 갖고 다니라고 얘기하고 싶습니다. 가장 빠르고 꼼꼼하게 역사 공부를 시작할 수 있는 입문서라고 생각합니다.

— 이종호 순천도사초등학교 교사

아이들이 힘들어하는 역사가 암기 과목이라는 생각에서 벗어나 '왜?'라는 질문만으로도 충분히 멋진 수업이 가능하다는 점을 보여 주고 있습니다. 초등학생뿐 아니라 중학생들에게도 좋은 책입니다.

— 정의진 여수여자중학교 교사

이 책은 시간, 공간, 인간을 모두 다루면서도 전혀 어렵거나 지루하지 않습니다. 내가 주인공들과 함께 역사 여행을 하는 것 같습니다. 이 책을 읽은 6학년 여학생은 "작년에 교과서에서 배웠던 것이 이제야 이해가 돼요"라고 하더군요.

— 황승길 안성초등학교 교사

✔ 읽기 전에 알아두기

❶ 이 책은 2016년 《용선생의 시끌벅적 한국사(전면 개정판)》을 증보·개정하여 출간하였습니다.

❷ 보물, 국보, 사적은 문화재보호법 시행령[대통령령 제32111호]에 의거하여 지정번호를 삭제하여 표기하였음을 알려드립니다.

❸ **저자 현장 강의 전면 개정판**에서는 책 속의 QR코드를 통해 영상을 보실 수 있습니다. QR코드를 스캔하여 회원 가입 및 로그인 진행 후 도서 구매 시 제공된 쿠폰의 시리얼 넘버를 등록해 주세요.

▶ 영상 재생 방법

▲ 용선생 현장 강의
영상 재생 방법

- 회원 가입 후에는 로그인을 위해 다시 한번 QR코드를 스캔해 주세요.
- 시리얼 넘버는 최초 한 번만 등록하면 됩니다. 등록된 시리얼 넘버는 변경하거나 양도할 수 없습니다.
- 로그인이 되어 있으면 바로 영상이 재생됩니다.
- '참고 영상'은 링크 영상으로 시리얼 넘버 인증 없이 바로 시청 가능합니다.
- '용선생 현장 강의' 영상은 **용선생 클래스**(yongclass.com) 홈페이지를 통해 PC로도 시청하실 수 있습니다.
- **저자 현장 강의 전면 개정판**을 구매하지 않은 독자님은 용선생 클래스 홈페이지에서 결제 후 '용선생 현장 강의' 전체 영상을 보실 수 있습니다.

용선생의 시끌벅적 한국사

글 금현진

서울대학교 국어교육과를 졸업하고 월간 《우리교육》에서 기자로 일하였고, 엄마가 된 후 어린이 책 작가가 되었습니다. 이 책을 쓰기 시작하면서 어떻게 하면 역사를 어려워하는 우리 아이들에게 역사를 올바르고 재미있게 알려 줄 수 있을까 계속 고민했습니다. 이를 위해 여러 책과 논문들을 읽고, 우리 역사를 생생하게 담아내기 위해 역사의 현장을 직접 돌아보기도 했습니다. 역사 공부에 첫발을 내딛는 어린이도 혼자 읽고 이해할 수 있는 책을 만드는 데 공을 들였습니다.

글 주유정

인류 문명의 비밀을 추적하는 모험가가 되고 싶어 대학에서 역사를 전공했으나 계획이 살짝 틀어지는 바람에 모험 대신 글 쓰는 일을 하게 되었습니다. 신문, 잡지, 사보, 웹진 등에 다양한 분야의 글을 써 왔고, 이야기 만드는 재미에 푹 빠진 이후로는 소설과 희곡도 쓰고 있습니다.

글 송용운

연세대학교에서 경제학을 공부했고, 같은 학교 대학원에서 한국사(고려 시대사)를 전공했습니다. 명지대학교 등에서 강의하면서 '교육'에 대해 고민하기 시작했습니다. 요즘은 쉽고 재밌는 역사책 만들기에 몰두하고 있습니다. 현재 사회평론 역사연구소 연구원으로 역사책을 만들고 있습니다.

그림 이우일

홍익대학교에서 시각디자인을 공부한 만화가입니다. '노빈손' 시리즈의 모든 일러스트레이션을 그렸으며 지은 책으로는 《우일우화》, 《옥수수빵파랑》, 《좋은 여행》, 《고양이 카프카의 고백》 등이 있습니다. 그림책 작가인 아내 선현경, 딸 은서, 고양이 카프카, 비비와 함께 그림을 그리고 글을 쓰며 살고 있습니다.

정보글 송용덕

서울대학교 국사학과를 졸업하고 같은 학교 대학원에서 박사 과정을 수료하였습니다. 국사편찬위원회에서 편사연구사로 활동하고 있으며, 주로 고려 시대 국경 문제를 연구하고 있습니다. 지은 책으로 《으랏차차! 이야기 한국사 23-고려의 기틀을 다져라》, 《으랏차차! 이야기 한국사 27-고려의 혼란이 시작되다》 등이 있습니다.

지도 박소영

홍익대학교 시각디자인과를 졸업한 후 어린이 교육용 소프트웨어 개발 일을 하며 틈틈이 만화를 그리던 것이 일러스트레이션 일을 시작하는 계기가 되었습니다. 쉽고 재밌는 그림으로 이야기를 풀어 나가려 노력하고 있습니다.

지도 조고은

애니메이션과 만화를 전공했으며 틈틈이 그림과 만화를 그리는, 계속해서 공부하고 배우는 중인 창작인입니다.

기획 세계로

1991년부터 역사 전공자들이 모여 함께 고민하고 연구하며 한국사와 세계사를 가르치고 있습니다. 역사를 주제로 한 책을 읽어 배경지식을 쌓고 이에 대해 자신의 생각을 이야기하는 '독서 토론 프로그램', 우리나라와 세계 여러 나라의 역사, 문화 현장을 답사하며 공부하는 '투어 캠프 프로그램'을 운영하고 있습니다. 지은 책으로는 《이선비, 한옥을 짓다》 등 역사 동화 '이선비' 시리즈가 있습니다.

검토 및 추천 전국초등사회교과모임

전국 초등학교 선생님들이 모여 활동하는 교과 연구 모임입니다. 역사, 사회, 경제 수업을 연구하고, 학습 자료를 개발하며, 아이들과 박물관 체험 활동을 해 왔습니다. 현재는 초등 교과 과정 및 교과서를 검토하고, 이를 재구성하는 작업을 통해 행복한 수업을 만드는 대안 교과서를 개발하는 데 힘쓰고 있습니다.

자문 및 감수 정요근

서울대학교 국사학과를 졸업하고 같은 학교 대학원과 하와이주립대학교에서 석사 학위를, 서울대학교 대학원에서 〈고려·조선 초의 역로망과 역제 연구〉로 박사 학위를 받았습니다. 현재 서울대학교 역사학부 교수로 재직 중이며, 〈여말선초 군현 간 합병·통합과 신읍치의 입지경향〉 등 다수의 논문을 발표한 바 있습니다. 함께 지은 책으로 《고려의 황도 개경》, 《개경의 생활사》 등이 있습니다.

문화유산 자문 오영인

서울대학교 대학원 고고미술사학과에서 도자사학 전공으로 석사·박사 학위를 받았습니다. 서울대학교에서 강의를 진행하고, 국가유산청 문화유산 감정위원으로 근무했습니다. 현재 사회평론 역사연구소 연구원으로 역사책을 만들고 있습니다.

5

고려, 위기 속에서 길을 찾다

글
금현진 주유정 송용운

그림
이우일

기획
세계로

검토 및 추천
전국초등사회교과모임

자문 및 감수
정요근

사회평론

여러분! 시끌벅적한 용선생의 한국사 교실에 오신 것을 환영합니다.

먼저 기억에 관한 어느 실험 이야기를 소개할까 해요. 기억 상실증에 걸린 환자들과 평범한 사람들이 똑같은 질문을 받았대요. "당신은 지금 바닷가에 서 있습니다. 앞에 펼쳐져 있는 모습을 상상해 보세요. 자, 뭐가 보이나요?" 질문을 받은 평범한 사람들은 하얗게 부서지는 파도며 노을 지는 해변, 물장구치는 아이들, 또는 다정한 연인의 모습을 떠올리고는 그로부터 여러 가지 상상을 풀어 놓았답니다. 그런데 기억을 잃은 사람들의 대답은 아주 간단했어요. 그들이 떠올릴 수 있는 것이라곤 그저 '파랗다'는 말뿐이었대요. 물론 기억 상실증에 걸린 사람들도 바다가 어떤 곳인지 모르지 않습니다. 파도나 노을, 물장구 같은 말들에 대해서도 알고 있고요. 그런데도 그들은 바닷가의 모습을 그려 내지는 못한 거지요. 이쯤 되면 기억이란 것이 과거보다는 현재나 미래를 위한 것이 아닌가 싶은 생각도 듭니다. 그래서 과학자들은 이 실험 이후 기억에 대해 새로운 해석을 내리게 되었대요. 기억은 단순히 과거의 일들을 기록해 두는 대뇌 활동이 아니라, 매순간 변하는 현재와 다가올 미래를 대비하기 위한 '경험의 질료'라고요.

재미난 이야기지요? 우리가 역사를 공부하는 이유에 대해서도 새삼 생각하게 하는 이야깁니다. 한 사람의 기억들이 쌓여 인생을 이룬다면, 한 사회의 기억들이 모여 역사가 됩니다. 무엇을 기억할지, 또 어떻게 기억할지에 따라 우리의 현재와 미래는 달라지겠지요. 그래서 이런 말도 있답니다. '역사에서 배우지 못하는 이들에게는 미래가 없다!'

책의 첫머리부터 너무 무거웠나요? 사실 이렇게 거창한 말을 옮기고는 있지만, 이 책의 저자들은 어디 역사가 뭔지 가르쳐 보겠노라 작정하고 책을 쓴 것이 아니랍니다. 오히려 그 반대였지요. 이 책을 쓰는 동안 우리는 처음 역사를 공부하던 십대 시절로 돌아갔어요. 시작은 이랬습니다. 페이지마다 수많은 인물과 사건들이 와장창 쏟아져 나오는 역사책에 대고 '그건 무슨 뜻이죠?', '대체 무슨 일이 있었던 건데요?' 하고 묻게 되는 거예요. 그것으로 끝이 아니었어요. 겨우 흐름을 잡았다 싶으면 이번엔 '정말이에요?', '왜 그랬을까요?', '그게 왜 중요한데요?' 하며 한층 대책 없는 물음들이 꼬리를 잇더군요. 그럴 때마다 우리를 도와준 것은 바로 이 책의 독자인 여러분이랍니다. 여러분도 분명 비슷한 어려움을 겪으며 무수한 물음표들을 떠올릴 거라고 생각하니, 어느 한 대목도 허투루 넘길 수가 없었어요.

하여, 해가 바뀌기를 여섯 번! 짧지 않은 기간 동안 이 책의 저자와 편집자, 감수자들은 한마음으로 땀을 흘렸답니다. 우리는 무엇보다 과거에 일어난 일들을 최대한 있는 그대로 파악하려는 노력과 다양한 관점에 따라 풍부하게 해석해 내려는 노력을 동시에 기울이고자 했어요. 널리 알려진 역사적 지식이라도 사실과 다른 점은 없는지 다시 검토했고요. 또 역사책을 처음 읽는 학생들이라도 지루하지 않게 한국사 전체를 훑을 수 있도록 하기 위해 흥미진진한 구성, 그리고 쉽고 상세한 설명에 많은 공을 들였답니다. 한국사를 공부하는 일은 오늘 우리 자신의 모습을 뿌리 깊이 이해하는 일이자, 앞으로 써 갈 역사를 준비하는 과정이기도 해요. 그 주인공인 여러분을 초대합니다. 유쾌하고도 진지하고, 허술한 듯 빈틈이 없는 용선생의 한국사 교실로 들어오세요!

금현진

차례

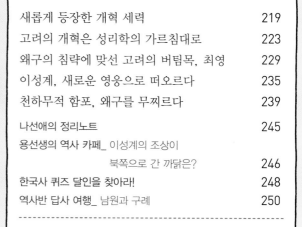

'용쓴다 용써'
용선생

허술하지만 열정만은 가득한 선생님. 하늘을 향해 거침없이 솟아나 있는 용머리와 지저분한 수염이 인간미(?)를 더해 준다. 교장 선생님의 갖은 핍박에도 불구하고, 생생한 역사 수업을 위해 물불을 가리지 않는다.

'장하다 장해'
장하다

'튼튼하게만 자라 다오.'라는 아버지의 소원대로 튼튼하게만 자랐다. 공부는 꽝이지만, 성격은 짱이어서 시험을 못 봐도 씩씩하고, 애들이 공부 못한다고 놀려도 씩씩하다.

'오늘도 나선다'
나선애

똑소리 나는 우등생. 공부도 잘하고 아는 게 많아서 잘 나선다. 차갑고 얄미워 보이지만, 사실 누구보다 따뜻한 마음을 가지고 있다. 티는 안 나지만.

'편애하다 망했다'
의종

왕이지만 나라를 돌보는 데는 관심 없다. 좋아하는 건 오로지 아부하는 신하들을 데리고 새로 지은 정자에서 파티하기. 그러던 어느 날, 보현원에서 무신들에게 공격을 당하는데……?

'난 남들과 달라'
최충헌

권력에 대한 욕심도 많고 권력을 지킬 줄도 알았던 인물. 자신의 권력을 넘보는 이가 있으면 가차 없이 제거했다. 다른 무신들과 달리, 권력을 고스란히 아들에게 물려주었다.

'나도 사람이다'
만적

천한 노비로 태어나 현실에 순응하고 살았으나, 무신 정변 이후 달라졌다. 장군과 재상의 씨가 따로 있냐며, 난을 일으켜 노비 제도를 아예 없애 버리기로 결심했다. 과연 성공할 수 있을까?

'잘난 척 대장'
왕수재

이 세상에서 자기가 제일
잘난 줄 안다. 그래서
친구가 없는데도 담담하다.
'천재는 외로운 법이고,
질투의 대상인 법'이라나.
근데 사실 깐족거리는 데
천재적이다.

'엉뚱 낭만'
허영심

엉뚱 발랄한 매력을 가진
역사반의 분위기 메이커.
뛰어난 공감 능력으로
웃기도 울기도 잘한다.
반짝반짝 빛나는
역사 유물을 좋아한다.

'깍두기 소년'
곽두기

애교가 넘치는 역사반 막내.
나이도 가장 어리고, 타고난
동안이라서 언뜻 보기엔
유치원생 같다. 하지만 훈장
할아버지 덕분에 어려운
한자를 줄줄 꿰고 있는 한자
신동이기도 하다.

'큰 물이 좋아'
충선왕

충렬왕의 맏아들이자, 원나라
쿠빌라이 황제의 외손자. 노는
물이 달라서 고려와 심양을 동시에
다스리고, 원나라에 '만권당'을 지어
학문 발전에 힘쓴다. 그러다 원나라
황실의 권력 싸움에 휘말려 멀리
유배를 떠났다는데……?

'개혁의 바람'
공민왕

고려를 바로잡기 위해 노력한
왕. 백성들을 괴롭히는 부원
세력을 몰아내고, 원나라가
빼앗아 갔던 땅도 되찾았다.
하지만 공민왕의 개혁이 그리
순탄치만은 않았으니…….

'반짝 스타'
신돈

지쳐 있는 공민왕 앞에
혜성처럼 나타난 승려.
권문세족들이 빼앗아 간 땅을
백성들에게 되돌려 주고,
성균관도 다시 세웠다. 그런데
어찌 된 일인지 모두가 신돈을
경계하기 시작하는데……?

무신들이 나라를 다스리다

1170년부터 100년 동안 고려를 다스린 것은 무신들이었어.

그 기간을 무신 정권기라고 불러.

고려의 역사는 이 무신 정권이 세워진 때를 기준으로 전기와 후기로 나뉘곤 한단다.

그만큼 무신 정권을 탄생시킨 무신 정변은 역사적으로 큰 의미를 갖고 있어.

무신들은 왜 정변을 일으키게 되었을까? 무신 정권기의 고려는 어떤 모습이었을까?

1145
김부식이 《삼국사기》를 편찬하다

무신들이 난을 일으키다

경대승이 권력을 잡다

이의민이 권력을 잡다

최충헌이 권력을 잡다

만적이 반란을 계획하다

1170

1179

1183

1196

1198

알고 있는 용어에 체크해 보자!

☐ 무신 정변 ☐ 정중부 ☐ 최충헌
☐ 교정도감 ☐ 최우   ☐ 정방

현릉의 무인석과 문인석

"쯧쯧, 쟤는 대체 나중에 뭐가 될지."

오늘도 장난감 칼을 든 채 교실을 휘젓고 다니는 장하다를 보며 왕수재가 혀를 찼다.

"하다 형은 자기가 타고난 장군감이라고 하던데……?"

곽두기의 말에 왕수재가 풋, 하고 헛웃음을 뿜었다.

"장군? 그건 어른들이 그냥 듣기 좋으라고 하는 말이야. 옛날에나 장군감이라는 게 칭찬이었지, 지금은 공부는 못하면서 무식하게 힘만 센 애들한테 하는 소리라고! 두기 너도 장하다 힘자랑하는 데 넘어가지 말고 정신 차려라. 지금은 21세기라고! 나처럼 머리를 써야지, 머리를…… 힉!"

한바탕 연설을 늘어놓던 수재의 코앞에 갑자기 용선생이 불쑥 얼굴을 내밀었다.

"음…… 하다가 들으면 머리를 다르게 쓸지도 모르겠는걸?"

용선생의 박치기 시늉에 왕수재가 움찔하며 몸을 웅크렸다. 그 모습에 두기가 웃음을 참지 못하고 킥킥거렸다.

'급'이 달랐던 문신과 무신

"수재야, 옛날에는 장군들이 항상 좋은 대접을 받았을 것 같니?"
교탁 앞으로 걸어 나간 용선생이 물었다.

"그야 뭐, 그랬을 것 같은데…… 아닌가요?"

"오늘 수업의 주인공은 고려의 무신들이야. 고려의 무신들은 그리 좋은 대접을 받지 못했어. 후삼국을 통일하느라 여기저기서 싸움이 한창이던 때만 해도 그렇지 않았지만, 고려가 안정되고 과거 시험이 자리를 잡은 뒤로는 늘 문신들에 비해 지위가 낮았지."

"하지만 무신도 관리잖아요. 과거 시험을 봐서 관리가 된 거 아니고요?"

"무신은 과거 시험을 통해서 뽑지 않았거든. 과거에 무과가 생긴 것은 고려 말이 되어서였어. 무신은 대부분 무술 실력을 보고 뽑았기 때문에 굳이 글공부를 할 필요가 없었지. 그래서 무신들 중에는 신분이 낮거나 집이 가난한 이들도 많았고, 좋은 집안에서 태어나 공부를 많이 한 문신들은 그들을 낮잡아 보곤 했어."

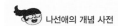
나선애의 개념 사전

무신
지금의 군인처럼 군대의 일을 맡아보았던 신하를 무신이라고 했어.

"그럴 리가요! 강감찬 장군이나 윤관 장군도 있잖아요."

장하다가 믿을 수 없다는 듯 소리쳤다.

"그분들도 다 문신이었단다. 거란과 외교 담판을 벌인 서희부터 거란을 물리친 강감찬, 여진을 정벌한 윤관, 서경의 반란군을 진압한 김부식까지 모두 다. 줄곧 총사령관은 문신이 맡고, 무신들은 그 밑에서 명령에 따라 움직인 거였어."

"네에?"

아이들의 눈이 휘둥그레졌다.

"무신은 승진을 하는 데도 한계가 있었어. 무신의 관직은 정3품까지만 설치되어 있었기 때문에 아주 특별한 경우를 제외하고는 그 이상 올라갈 수 없었거든. 그런데 나라의 중요한 일을 결정하는 회의에는 2품 이상의 관리들만이 참석하도록 되어 있었지. 그뿐 아니라 같은 등급의 벼슬을 하더라도 무신은 문신보다 더 낮은 대우를 받았어. 그러니 신분은 물론이고 관직에 오른 과정이며 그 뒤에 갖게 되는 권한까지, 문신과 무신은 아예 급이 달랐다고 할 수 있지."

"그럴 줄이야……!"

장하다가 눈을 껌벅거렸다.

"하지만 이런 문신과 무신들의 관계는 나름대로 안정되어 있었어. 또 이자겸의 난 때 앞장서서 여러 사건을 일으켰던 척준경은 무신이었지만 남부럽지 않은 권력을 누렸잖아? 무신이라고 해서 무조건 출세를 할 수 없었던 것은 아니라는 뜻이지. 문제가 생긴 것은 의종 때였어. 이자겸과 척준경, 그리고 묘청이 일으킨 난이 차례로 진압된 뒤에 조정에서는 유교에 기초해 나라를 다스리려고 한 문신들이 제일 큰 힘을 갖게 되었어. 물론 이들은 대부분 문벌에 속하는 사람들이었지."

"아, 김부식이 바로 그런 사람이었겠죠?"

나선애의 말에 용선생이 "그렇지!" 했다.

허영심의 인물 사전

의종(1127~1173)
고려의 18대 임금이야. 화살을 쏘아서 촛불을 꺼 버릴 정도로 무예에 능했어. 놀기를 좋아해서 아버지 인종이 무척 걱정했다고 해.

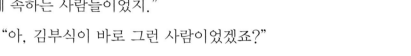

화를 키운 의종의 측근 정치

"한편 인종의 뒤를 이어 의종이 왕이 될 무렵, 고려는 나라 안팎으로 어지러웠어. 잇따른 반란 사건으로 왕권은 흔들리지, 어깨 아래 있던 여진은 떡하니 금나라를 세워 고려를 내려다보고 있지, 백성들의 생활은 집을 버리고 도망칠 만큼 힘겨운 상황이지…… 이런 시절에 왕이 된 의종에게는 나라를 안정시켜야 할 큰 숙제가 주어진 셈이었지만, 그가 택한 방식은 오히려 혼란을 부추기는 것이었어. 왕실이 위태로운 모습을 지켜보며 자란 의종은 왕과 왕실의 권위를 세우려면 무엇보다도 자신만을 위해 충성을 다할 사람들이 필요하다고 생각했던 것 같아. 그래서 그는 왕위에 오른 뒤 줄곧 측근 세력을 키웠어. 왕을 가까이서 모시는 환관과 내시들, 일부 문신들, 또 왕을 지키는 군대인 친위군을 곁에 두고 그들에게 많은 힘을 실어 주었지."

"내시면 그…… 남자가 아닌 것 같은 사람들……?"

왕수재가 여자아이들 눈치를 보며 말꼬리를 흐리자 용선생이 시원스레 대답해 주었다.

"내시라고 하면 보통 생식기를 잘라 내 자식을 낳을 수 없는 남자 신하를 떠올리는데, 원래 그런 이들을 부르던 말은 환관이었어. 조선 시대에 환관들이 주로 내시직을 맡게 되면서 환관과 내시가 같은 말처럼 쓰이게 된 거였지. 원래 고려 시대의 내시는 과거에 합격한 이들 중에서 특별히 왕을 가까이서 모실 만한 뛰어난 인재들을 따로 뽑아 벼슬을 내린 거였어. 나름 최고의 엘리트 집단이라고 할 수 있지."

"어쨌건 왕이 문신들만 좋아한 건 아니네요? 친위군은 무신들일 테고…… 뭐가 문제죠?"

허영심이 고개를 갸웃거렸다.

장하다의 호기심 사전

내시
과거 합격자 중에서 성적이 높거나, 가문이 좋거나, 용모가 뛰어난 사람들을 주로 내시로 삼았어. 내시는 왕의 행차에 동행했고, 왕명의 초안을 작성하거나 유교 경전을 강의하기도 했어.

"찬찬히 설명해 줄게. 의종은 하루가 멀다 하고 잔치를 벌여 측근 신하들과 어울리곤 했어. 궁궐 안에서만 잔치를 벌인 게 아니라 경치 좋은 곳이라면 어디든지 행차를 해서 이틀, 사흘씩 잔치를 이어 가곤 했지. 그는 이런 잔치를 위해 백성들의 집을 허무는 일도 주저하지 않았어. 정자를 짓는다며 50여 채나 되는 집을 허물어 버리기도 했지. 게다가 돈 한 푼 받지 못하면서 왕이 놀러 다닐 정자를 지어야 하는 것 역시 백성들이었어. 중미정이라는 정자를 지을 땐 이런 일도 있었어. 공사에 동원된 백성들은 끼니도 알아서 해결해야 했어. 그런데 너무 가난해서 밥을 싸 오지 못하고 늘 다른 이들의 밥을 한 숟가락씩 얻어먹는 사람이 있었던 거야. 그런데 어느 날 그의 아내가 음식을 잔뜩 싸 가지고 나타났지. 놀란 남편은 혹시 아내가 음식을 훔쳐 온 것이 아닌지 의심했어. 그러자 아내가

나선애의 개념 사전

정자
자연 풍경을 감상하며 놀거나 쉬기 위해 지은 건물이야. 사방이 모두 보이도록 벽은 없고 기둥과 지붕만 있어.

머리에 쓴 두건을 벗어 보이며 '제 머리카락을 팔아서 마련했을 뿐입니다'라고 말했대. 그 모습을 본 남편은 서러움이 복받쳐 음식을 먹지 못했고, 주위 사람들도 함께 눈시울을 붉혔다는구나."

"어쩜…… 너무 안됐다."

"백성들 생각은 안 하나? 누가 왕 좀 말려 주지!"

아이들의 말에 용선생이 고개를 끄덕였다.

"이런 왕에게 '잔치를 줄이고 나랏일에 힘써라', '환관에게 높은 벼슬을 주면 안 된다' 하며 줄기차게 잔소리를 해 댄 것은 인종 때부터 높은 벼슬을 가지고 있던 나이 많은 신하들이었어. 그들은 왕의 뜻보다는 자신들의 생각대로 나랏일을 끌고 가곤 했어. 왕이 물러서지 않으면 궁궐 앞에 며칠씩 꿇어 앉아 있거나 다 같이 출근을 거부해서라도 기어코 의종이 자신들의 주장을 받아들이도록 했지. 그럴수록 의종은 이런 신하들의 기를 꺾기 위해 더욱 측근들과 어울려 놀며 그들에게 큰 권한을 주었어."

"흠, 의종이랑 신하들이 기 싸움을 하고 있었던 거네요."

왕수재가 다 알겠다는 듯 고개를 주억거렸다.

"그런 셈이지. 이 과정에서 의종의 측근들은 엄청난 권세를 쥐게 됐어. 몇몇 환관과 내시들은 궁궐 근처에 1백 칸이 넘는 집을 짓고 수십 명의 노비를 부리며 살았대. 그들은 왕에게 화려하고 진귀한 물건들을 갖다 바치고 끝없이 잔치 자리를 만들면서 의종 곁에 찰

싹 달라붙었어. 그런데 이렇게 허구한 날 잔치가 벌어지는 동안 그 주변을 지켜야 하는 무신들은 고생이 이만저만이 아니었어. 온종일 밥도 제대로 먹지 못하면서 꼬박 보초를 서는 일도 많았지."

장하다가 "으, 원래 남들 먹을 때 못 먹는 게 제일 서러운 일인데!" 하며 안타깝다는 표정을 지었다.

"그런데도 왕의 곁에서 웃고 떠드는 다른 신하들은 미안해하기는커녕 온갖 잔심부름까지 시켜 가며 무신들을 종 부리듯 했어. 또

현릉의 무인석과 문인석 고려 31대 왕, 공민왕의 능으로 북한의 개성에 있어. 현릉 주변에는 능을 지키는 조각상들이 있어. 관복을 입은 문신 조각상들은 위쪽에, 갑옷을 입고 커다란 칼을 든 무신 조각상들은 아래쪽에 있지.

잔치 때면 왕과 신하들은 시와 노래를 주고받곤 했는데, 그쪽에 약한 무신들은 그 자리에 낄 수도 없었을 뿐 아니라 대놓고 무시를 당하기 일쑤였지. 안 그래도 불만이 많을 수밖에 없었던 무신들은 의종의 측근 세력들로부터 따돌림까지 당하게 되자 그 불만이 폭발할 지경에 이르게 되었어. 급기야 몇몇 무신들은 반란을 일으키기로 했지!"

아이들은 숨을 죽이며 뒷이야기를 기다렸다.

무신들, 반란을 일으키다

"반란에 앞장선 무신들은 이의방과 이고, 정중부였어. 특히 정중부는 이전에 김돈중이라는 내시로부터 크게 모욕을 당한 일도 있었어. 인종 때였는데, 당시 정중부는 나례라는 행사에 참석한 왕을 호위하고 있었어. 그런데 자리가 무르익자 술에 취한 김돈중이 촛불로 정중부의 수염을 홀라당 태워 버린 거야. 화가 난 정중부는 김돈

중을 흠씬 두들겨 패 줬지. 그런데 문제는 김돈중이 김부식의 아들이었다는 거야. 김부식은 왕에게 달려가 당장 정중부를 매질하겠다고 했어. 정중부를 아꼈던 인종이 그가 몰래 도망칠 수 있도록 해 줘서 겨우 피할 수 있었지만, 정중부는 이때부터 문신들에게 안 좋은 감정을 품게 된 거야."

"감정이 안 좋은 게 당연하네요!"

"맞아, 잘못은 자기 아들이 먼저 했는데 왜 정중부한테 벌을 주래?"

아이들이 여기저기서 야유를 보냈다.

"일이 터진 건 1170년 8월 29일이었어. 그날도 의종은 궁궐 밖으로 나와 잔치를 즐겼지. 이날 무신들은 왕이 다시 장소를 옮겨 잔치를 이어 간다면 반란을 일으키기로 했어. 그들의 예상대로 왕은 궁궐로 돌아가지 않고 보현원이라는 곳으로 자리를 옮겼지. 그런데 행차 도중에 마련된 술자리에서 뜻밖의 소동이 벌어졌어. 쉬지도 못하고 계속 잔치 자리를 호위하고 있는 무신들에게 미안한 마음이 들었던지, 의종은 그들에게 오병수박희 경기를 열라고 했어. 이기는 사람에게는 큰 상을 내리겠다는 말도 잊지 않았지. 의종은 종종

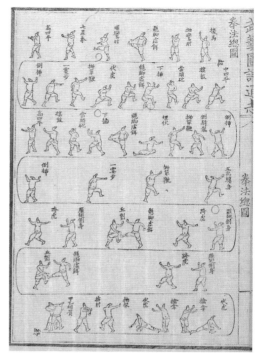

《무예도보통지》에 실린 권법 훈련 모습
《무예도보통지》는 무술을 수련하고 가르치기 위해 만든 조선 시대의 책이야. 이 안에는 고구려 때부터 손을 사용해 수련하던 전통 무예(권법)가 담겨 있어. 수박이라고도 불리던 이 권법은 고려 시대 무신들도 매우 중요하게 생각했대.

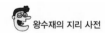
왕수재의 지리 사전

보현원
경기도 장단에서 남쪽으로 25리 정도 떨어진 곳에 있는 원(院)이야. 의종은 이곳에 연못을 만들고 자주 찾았어.

이렇게 무술 시합을 시켜서 이긴 사람에게 상을 주는 방식으로 무신들을 위로하곤 했거든."

"그럼 오병수박희라는 것도 무술인가요?"

곽두기가 묻자 용선생이 "헛!" 하고 기합을 넣으며 두 손을 휘저어 보였다.

"어때, 멋있지? 수박희는 택견과 비슷한 무술인데, 다섯 명씩 집단으로 하는 걸 오병수박희라고 해. 무신들은 왕의 명령에 따라 이 오병수박희 경기를 열심히 펼쳤지. 그런데 대장군 이소응이 젊은 무신과 대결하게 되었어. 이소응은 벼슬이 대장군이지만 이미 나이가 60이 넘었어. 그러니 이소응은 젊은 무신의 상대가 되지 않았지. 젊은 무신의 공격에 금방 쓰러졌어. 이때 왕이 아끼던 문신인 한뢰가 대뜸 이소응의 뺨을 때렸어. '형편없군. 네가 무슨 대장군이

냐!' 하면서. 이 모습을 본 다른 신하들도 같이 비웃었어."

"어우, 진짜 너무하네!"

"그러자 같은 무신으로 모욕을 느낀 정중부가 한뢰의 멱살을 잡고 꾸짖었어. '한뢰 이놈아. 새파랗게 젊은 놈이 벼슬이 3품인 대장군의 뺨을 때려!' 이 장면을 본 의종이 다가와서 정중부를 말렸어. 정중부와 무신들은 일단 분을 참았지만, 그로써 잔치의 흥은 완전히 깨졌지."

허영심은 이제 곧 폭풍이 휘몰아칠 것 같다며 두 손을 꼭 잡았다.

"그리고 그날 밤, 왕이 보현원 안으로 들어가자, 무신들은 무기를 빼 들었어! 이소응의 뺨을 때린 한뢰는 물론이고 그 자리에 있던 문신들은 모두 죽임을 당했지. 한편 무신들은 서둘러 개경에도 들어가 궁궐을 손에 넣고 태자 역시 꼼짝 못하도록 했어. 그 부하들

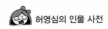
허영심의 인물 사전

명종(1131~1202)
인종의 셋째
아들이자, 의종의
동생으로 고려 19대
임금이야. 왕이 된
명종은 정중부를
비롯한 무신들을
공신으로 대우해
주었어. 무신들은
이때부터 국정을
장악하였고, 모든
관직에 진출할 수
있게 되었지.

허영심의 인물 사전

김보당(?~1173)
무신 정변의
공신으로 임명된
몇몇 관리들을
탄핵하려다가
좌천당했어. 이
때문에 명종과
무신들에 대한
반감이 생겨 반란을
일으켰어.

은 개경의 길거리를 수색해 순식간에 50여 명의 문신들을 죽여 버렸지. 과거에 정중부의 수염을 불태웠던 김돈중 역시 죽음을 면치 못했고."

"그럼 왕은 어떻게 됐어요?"

"의종은 거제도로 쫓겨났고, 태자는 진도로 쫓겨났어. 이후 무신들은 의종의 동생을 왕위에 앉혔지. 그가 바로 명종이야. 이 사건을 '무신 정변'이라고 하는데, '무신들이 일으킨 정치상의 큰 변화'란 뜻이야. 이때부터 꼭 100년 동안 고려는 무신들의 세상이 되었어."

"나머지 문신들은요? 설마 다 죽인 건 아니겠죠?"

"문신이라고 해서 무조건 죽임을 당했던 것은 아니야. 의종 곁에서 권세를 부리던 이들이나 무신들에게 맞서려 드는 이들 말고는 살아남은 이들도 많았지. 화를 피한 문신들 중에는 눈치껏 피해 있거나 아예 벼슬을 버리고 고향으로 내려간 이들도 있었어. 반대로 무신들이 정권을 잡은 뒤에 새로 관리가 된 문신들도 있었지. 하지만 무신들을 몰아낼 계획을 세운 문신도 있었어. 김보당이라는 사람은 무신들을 내쫓고 다시 의종을 왕위에 앉히려 했지만, 제대로 싸워 보기도 전에 발각되어 실패했어. 이 사건으로 인해 또다시 많은 문신들이 죽임을 당했고, 의종 역시 목숨을 잃고 말았어. 의종을 살해한 사람은 정중부의 부하였던 이의민이었어. 이의민은 왕을 잔인하게 살해하고 그 시신을 연못에 던져 버렸대. 왕위에서 쫓겨

난 왕들은 대부분 비참한 최후를 맞이했지만, 이런 경우는 정말 드
물어."

놀란 아이들은 아무 말도 하지 못한 채 멍하니 용선생의 얼굴만
바라보았다.

 ## 꼬리에 꼬리를 무는 권력 다툼

"처음에는 무신들이 좀 불쌍했는데, 들다 보니까 너무 심한 것 같
아요."

가장 먼저 입을 연 것은 나선애였다.

"그래도 이왕 이렇게 된 거, 차라리 무신들이 나라를 잘 다스렸으
면 좋겠어요!"

장하다의 말에 곽두기도 고개를 끄덕였다.

"하지만 안타깝게도 무신들에게는
나라를 잘 이끌어 갈 만한 능력이
없었어. 뿐만 아니라 그들은
백성들의 삶에도 별 관심
이 없었지. 애초에 고려
를 잘 다스리겠다는 뜻

을 세우고 반란을 일으킨 게 아니었으니까. 그들은 오로지 권력을
쥐는 일에만 매달렸는데, 나중에는 더 많은 권력을 차지하기 위해
서로를 죽이기까지 했어."

"내 이럴 줄 알았지, 으휴."

왕수재가 팔짱을 낀 채 한숨을 내쉬었다.

"처음엔 정변에 앞장선 무신들끼리 높은 벼슬을 나눠 가졌어. 그
런데 권력을 독차지하고 싶었던 이고는 또다시 반란을 일으키려 했
어. 이 사실을 미리 알게 된 이의방은 이고를 제거해 버렸지. 그 뒤
이의방은 자신의 딸을 태자와 결혼시키고 1인자 노릇을 했어. 하
지만 결국은 그도 정중부의 아들이 보낸 사람에게 죽임을 당했어."

이어지는 배신에 아이
들은 하나같이 눈살을
찌푸렸다.

"이제 모든 권력은 정중부가 움켜쥐게 되었어. 하지만 그도 별반 다를 것이 없었지. 특히 땅 욕심이 많았던 정중부는 갖은 방법을 써서 땅을 늘렸어. 그가 갖게 된 땅이 어찌나 넓었던지 산과 강을 경계로 했을 정도래. 그런데 정중부의 권세도 그리 오래가지 못했어. 경대승이라는 새로운 인물이 등장했거든. 경대승은 비록 무신이기는 했지만 무신들이 권력을 쥐고 온 나라를 뒤흔드는 것은 옳지 않다고 보았어. 그래서 그는 왕의 허락을 얻어 군사들을 모아서는 정중부와 그를 따르는 부하들을 모조리 없애 버렸지."

"어? 그럼 무신들의 세상이 끝난 건가요?"

곽두기가 묻자 용선생이 손을 저었다.

"아니. 경대승은 정중부를 없애기는 했지만 그 뒤 별다른 역할을 하지 않았어. 그는 누군가 자기를 죽이려 들까 봐 '도방'이라는 사병 집단을 만들어서는 어딜 가든 그 병사들을 데리고 다녔대. 대개는 자기 집에 틀어박혀 지내다가 나라에 큰일이 있을 때만 조정에 나아가 결정을 내렸지. 그러다 4년 만에 갑자기 죽어 버렸어. 그가 사라지자 새로 권력을 잡은 것은 바로 이의민이었어."

"이의민이라면 아까 의종을 죽였다던 사람이요?"

"응. 이의민은 원래 천민 신분이었는데, 키가 크고 체격이 우람해서 운 좋게 군인이 된 사람이었어. 그러다 무신 정변 때 공을 세워 높은 벼슬까지 하게 된 거였지. 정중부 일당을 몰아낸 경대승은

곽두기의 국어사전

도방
'모든 군사들이 모이는 곳' 또는 '모든 군사들의 지휘부'라는 뜻이야.

허영심의 인물 사전

이의민(?~1196)
아버지는 소금 장수, 어머니는 절의 노비였어. 형들과 나쁜 짓을 일삼다가, 관아에 붙잡혀 매질을 당하던 중 혼자 살아남았어. 그 관아 수령의 추천으로 개경 군대에 뽑혔어.

왕을 죽인 이의민도 절대로 그냥 둘 수 없다고 했지만, 미처 이의민을 처벌하기 전에 경대승이 먼저 죽은 거야. 그러자 재빨리 정권을 움켜쥔 이의민은 나쁜 짓만 골라 했어. 남의 땅을 강제로 빼앗고, 돈을 받고 벼슬을 팔아 궁궐보다 더 호화로운 집을 지었지. 그의 아들들은 한술 더 떠서 백성들의 재산을 마구 빼앗고 심지어 다른 사람의 부인까지도 빼앗았어."

여기저기서 한숨만 푹푹 내쉬는 소리가 들렸다.

"그렇게 10여 년이 흘렀어. 이의민에 대한 불만이 하늘을 찌르는 가운데, 또 다른 무신들이 등장했어. 최충헌과 그의 동생 최충수였어. 1196년, 그들은 이의민을 기습해 죽여 버렸어."

"가만있자…… 이의방, 정중부, 경대승, 이의민, 그리고 이제는 최충헌 형제?"

권력을 잡았던 무신들의 수를 꼽아 보던 장하다가 어지럽다며 눈알을 빙글빙글 돌려 댔다.

허영심의 인물 사전

최충수(?~1197)
이의민의 아들
이지영이 최충수의
비둘기를 빼앗아
가자, 모욕감을
느낀 최충수는 형인
최충헌을 부추겨
별장으로 가던
이의민을 기습해
죽여 버렸어.

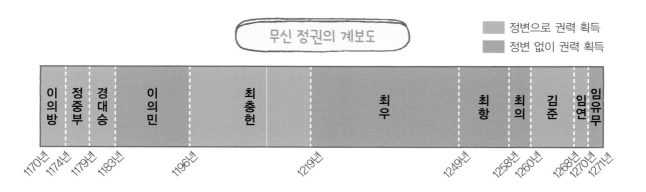

무신 정권의 계보도

■ 정변으로 권력 획득
■ 정변 없이 권력 획득

이의방	정중부	경대승	이의민	최충헌	최우	최항	최의	김준	임연	임유무
1170년	1174년	1179년	1183년	1196년	1219년	1249년	1258년	1260년	1268년	1270년 / 1271년

최충헌, 권력을 독차지하다

"이의민을 제거한 뒤 최충헌 형제는 명종에게 〈봉사 10조〉라는 글을 올렸어. 당시 나라를 개혁하기 위해 꼭 필요한 열 가지를 정리한 글이었지."

용선생은 칠판에 붙여 둔 자료를 가리켰다.

"요약하면 왕과 조정 신하들이 바른 정치를 펼쳐야 한다, 백성들을 고통스럽게 만드는 잘못된 정책들을 고쳐야 한다, 또 관리들이 횡포를 부리지 못하게 해야 한다는 내용들이야. 〈봉사 10조〉는 당시 고려 사회의 문제점이 무엇이었는지를 잘 보여 주는 자료이기도 해."

〈봉사 10조〉 요약

1. 임금은 대궐의 정궁으로 돌아와야 한다.
2. 관리의 녹봉이 부족하니 관리의 수를 줄여야 한다.
3. 농민들로부터 빼앗은 토지를 돌려줘야 한다.
4. 능력 있는 사람을 지방 수령으로 임명해 세금을 공평히 거둬야 한다.
5. 병마사나 안찰사가 진상을 핑계로 백성들을 괴롭히니 금해야 한다.
6. 승려들의 궁궐 출입을 단속하고 고리대업을 금해야 한다.
7. 병마사나 안찰사에게 권한을 주어 지방 수령을 심사하게 해야 한다.
8. 관리의 사치를 금해야 한다.
9. 함부로 사찰을 건립하는 것을 금해야 한다.
10. 간언을 올리는 관리를 잘 선발하고 그 권한을 보장해야 한다.

"오호, 이 사람들은 좀 달랐군요? 이제 개혁이다!"

장하다가 반가운 목소리로 소리쳤다. 하지만 용선생은 아리송한 표정을 짓고 있었다.

"음…… 최충헌 형제가 그 전까지 권력을 쥐었던 무신들과 달랐던 건 분명해. 정치가 어떤 건지를 알고 있었다고 할까? 특히 형인 최충헌이 그랬지. 그들은 〈봉사 10조〉를 올리고 얼마 지나지 않아 명종을 왕위에서 몰아내고 그 동생을 왕으로 세웠어. 고려의 20대 왕인 신종이었지. 그런데 생각해 보렴. 이렇게 이의민을 죽이고, 또 왕까지 갈아 치우는 과정에서 〈봉사 10조〉가 어떤 역할을 했을까? 그들이 권력을 쥔 것이 나라와 백성들을 위한 일이라고 내세울 수 있는 그럴듯한 명분이 되어 주지 않았겠어? 백성들의 불안감을 씻어 주고 자신들에게 반대하는 세력이 자라지 못하도록 하는 데도 적잖은 효과가 있었을 테고."

"그럼 〈봉사 10조〉대로 개혁을 한 것도 아니고요?"

용선생이 고개를 끄덕이자 장하다는 속았다며 투덜거렸다.

"교묘하기도 하네. 그럼 그 뒤엔 두 형제가 나란히 권력을 쥐게 된 건가요?"

나선애가 고개를 살래살래 저으며 물었다.

"아니. 동생 최충수가 자신의 딸을 태자비로 삼겠다고 나서는 바람에 형제끼리 칼을 겨누게 되었고, 싸움에서 진 최충수는 목숨을 잃었어. 그 뒤로는 최충헌 혼자서 모든 권력을 차지하게 되었지. 그는 튼튼한 군사력이야말로 정권을 유지하기 위한 기본 조건이라 생각했어. 그래서 사병 집단인 도방을 엄청나게 키웠어. 도방의 병사들은 최충헌과 그 가족들을 보호하는 임무를 맡았는데, 병사들이 한꺼번에 최충헌의 집을 지키며 그가 외출이라도 하면 모두 나와 호위했대."

"히야, 완전 최충헌 집안의 경호원이네요."

아이들은 저마다 혀를 내둘렀다.

"그리고 최충헌은 '교정도감'이라는 기관도 새로 만들었어. 원래는 자신에게 반대하는 사람들을 찾아내서 제거하기 위해 만들었는데, 시간이 흐를수록 세금을 걷거나 관리를 뽑는 등 다른 일에도

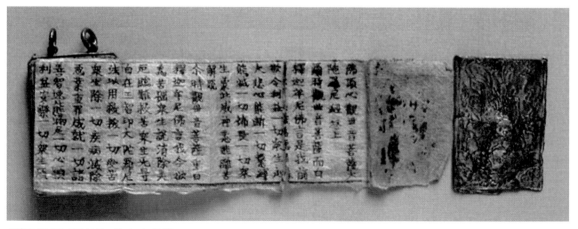

《불정심 관세음보살 대다라니경》 최충헌과 그의 아들 최우, 최향을 위해 만든 휴대용 불경이야. 오래오래 살며 복을 많이 받기를 바라는 마음에서 만들었어. 이 불경의 효력 덕분이었을까? 최충헌 집안은 대를 이어 가며 권력을 독차지했어. 세로 6.5cm, 국립중앙박물관 소장. 보물.

관여하기 시작했어. 결국 교정도감은 나라의 최고 권력 기관이 되었어. 물론 교정도감의 일을 도맡아 처리하는 것은 최충헌이었지."

"치, 그럼 왕은 뭘 하라고요? 있으나 마나네."

허영심이 입을 삐죽거리자 용선생이 말을 받았다.

"있으나 마나 한 정도가 아니라, 최충헌의 마음에 들지 않으면 왕위에 오르는 것 자체가 어려웠어. 최충헌이 쫓아낸 명종을 제외하고도, 그가 집권하는 동안 왕위에 앉았던 사람은 4명이나 돼. 바로 신종, 희종, 강종, 고종이었는데 이들은 모두 최충헌에 의해 왕위에 오른 인물들이었지. 이 가운데 희종은 최충헌을 죽이려고 했다가 발각되어 왕위를 빼앗겼지. 이렇게 최충헌이 엄청난 권력을 다

져 놓은 덕에 그의 후손들은 4대에 걸쳐 60여 년 동안이나 고려를 쥐고 흔들 수 있었어."

"4대요? 그럼 최충헌의 아들의 아들의 아들까지 이어졌다는 말이잖아요?"

"왕도 아니면서 아들한테 권력을 물려주는 건 또 뭐람!"

아이들이 여기저기서 웅성거렸다.

 ## 대를 이어 권력을 거머쥔 최씨 일가

"막강한 권력과 엄청난 재산을 손에 넣은 최충헌은 이 모든 것을 아들 최우에게 고스란히 넘겨줬어. 그런데 권력을 물려받은 최우는 아버지가 모았던 금은보화를 모두 왕에게 바치고, 빼앗았던 땅도 모두 본래 주인들에게 돌려줬어."

"어머, 아버지랑은 완전히 다르잖아?"

허영심의 말에 왕수재는 뭔가 꿍꿍이가 있는 것이 분명하다며 큰소리를 쳤다.

"그래, 최우의 속셈은 따로 있었어. 그는 아버지에게 불만을 가진 사람들이 많았다는 사실을 잘 알고 있었기 때문에 일부러 그런 행동을 했던 거야. 자신은 아버지와 다르다는 것을 보여 주기 위해서

 허영심의 인물 사전

최우(?~1249)
최충헌의 맏아들로, 아버지의 뒤를 이어 최씨 정권의 두 번째 실력자가 되었어. 말년에는 이름을 '최이'로 바꿨어.

정방

관리들의 인사권을
담당하는 기관이야.
무신 정권이 몰락한
뒤에도 폐지되지
않고 고려 말까지
유지되었어.

였지. 하지만 최우도 곧 본모습을 드러냈어. 자신의 집에 '정방'이라는 기구를 새로 만들어서는 관리들을 뽑거나 승진시키는 문제를 제멋대로 처리했어. 최우는 그 밖에 나라의 여러 중요한 일들도 아예 자신의 집에서 논의하도록 했지."

"참 나, 자기 집이 무슨 궁궐인 줄 아는 모양이지?"

"최우의 집은 궁궐과 맞먹을 만큼 컸어. 하도 넓어서 집 안에 격구장이 있을 정도였다니까. 격구는 말을 타고 달리면서 막대기로 공을 치는 경기였기 때문에 아주 넓은 공간이 필요했어. 최우는 이 격구장을 만들기 위해 백성들의 집 100여 채를 강제로 헐어 냈어. 뿐만 아니라 격구 경기가 열리면 백성들을 동원해서 먼지가 나지 않도록 물을 뿌리게 했지."

용선생의 설명에 아이들의 입이 떡 벌어졌다.

"그뿐이 아니야. 최우는 도방의 병사들 중에서 기마병들만을 뽑아서 따로 '마별초'라는 것을 만들었어. 말을 타고 우르르 몰려다니는 군인들의 모습은 백성들을 겁주기에 충분했겠지. 고려에서 가장 힘센 사람은 바로 최우라는 사실을 확인시켜 줬을 테고. 이렇게 최우의 사병이 늘어날수록 고려의 군대는 부실해질 수밖에 없었어. 뛰어난 병사들이 죄다 사병이 되는 바람에 정작 나라를 지키는 군대에는 실력이 없거나 나이가 많은 사람들밖에 없었거든."

곽두기는 갑자기 다른 나라에서 쳐들어오기라도 하면 어떡하느냐

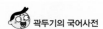

마별초

별초는 특별히 가려
뽑은 군사라는 의미로,
지금으로 말하면
특수 부대를 뜻해.
마별초는 말을 타는
특수 부대, 야별초는
밤에 활동하는 특수
부대였던 거지.

며 걱정스러운 표정을 지었다.

"외적도 외적이지만, 당시 고려에는 도둑이 들끓고 있는 상황이었어. 최우는 이들을 잡아들여 나라의 질서를 유지하려면 제대로 된 군대가 필요하다며 이번엔 '야별초'라는 정식 군대를 만들었어. 하지만 야별초는 전국에서 일어나는 크고 작은 반란들을 진압하는 데 동원되곤 했지. 최우는 야별초를 나라의 군대로 조직했음에도 자신의 정권을 유지하기 위한 수단으로 이용한 거야."

"으, 듣고 보니 최충헌보다 더 무서운 사람이네."

장하다가 눈을 끔벅이며 중얼거렸다.

"아버지가 물려준 권력을 한층 더 강하게 다진 최우는 다시 자신의 아들 최항에게 모든 것을 물려주었어. 그리고 최항은 다시 아들 최의에게 권력을 넘겨주었지."

"네 명째니까 거기서 최씨들의 권력도 끊어졌겠네요?"

나선애가 물었다.

〈격구도〉 격구는 지금의 폴로 경기와 비슷해. 고려 시대에 격구는 군사를 단련시키는 무예 기술의 하나로 중요하게 여겨졌어.

"그렇지. 지금까지의 이야기만으로도 충분히 짐작했겠지만, 무신들이 나라를 쥐고 흔드는 동안 백성들의 삶은 말이 아니었어. 그뿐이 아니라 1231년부터 고려는 몽골의 침입으로 큰 어려움을 겪게 돼. 최씨 정권이 이어진 것이 1196년부터 1258년까지니까, 그중 절반 정도의 기간은 몽골과의 전쟁기였던 거야. 최우의 아들인 최항이 정권을 쥔 무렵에는 전쟁의 피해가 너무 커서 싸움을 그만두자는 이들이 많았어. 하지만 자신의 정권을 지키는 것을 제일 중요하게 여겼던 최항은 그런 의견을 무시했어. 그러다 결국 최항이 죽고 난 후, 그의 아들 최의가 정권을 잡은 지 1년 만에 살해되었어. 그로써 최씨 정권도 무너지게 된 거였지."

"휴, 어쨌든 최의에서 끝났으니 다행이다."

"세상에…… 전쟁까지 치렀으니 백성들이 오죽했을까?"

"그러게. 백성들이 들고일어나지 않은 게 신기하네."

아이들이 주고받는 말을 잠자코 듣던 용선생이 "잠깐!" 했다.

"백성들이 들고일어나지 않았다고 한 적 없는데?"

그 말에 나선애가 반색을 했다.

"그럼 백성들이 무신 정권에 도전을 한 건가요?"

용선생은 호기심 어린 아이들의 얼굴을 둘러보며 빙긋이 웃었다.

"수업 시간 끝난 것 알고 있지? 그 이야기는 다음 시간에 해 줄게! 그럼 애들아, 다음 시간에 만나자!"

나선애의 정리노트

1. 무신 정변

누가?	무신들(정중부·이의방·이고 등)
언제?	의종 때(1170년)
어디서?	보현원에서
어떻게?	의종을 쫓아내고 새 왕을 세움 권력을 잡고 있던 문신들을 쫓아냄
왜?	·근본 원인: 승진, 권한 등에서 무신이 차별받음 ·직접 원인: 의종의 측근 신하들 중에서 무신들은 문신들에 　비해 차별받음

2. 무신 정권 계보도

물려줌　　　물려줌　　　물려줌

이의방 ➡ 정중부 ➡ 경대승 ➡ 이의민 ➡ 최충헌 ➡ 최우 ➡ 최항 ➡ 최의

3. 최씨 정권이 유지될 수 있었던 비결

권력자	특징
최충헌	·〈봉사 10조〉로 그럴듯한 명분을 마련함 ·사병 집단인 도방을 키워 자신과 가족들을 보호함 ·자신의 반대 세력을 제거하기 위해 교정도감을 세움 　➡ 나중에는 나라의 최고 권력 기관이 됨
최우	·자신의 집에 정방을 설치함 　➡ 관직의 임명을 정방에서 처리! ·마별초와 야별초를 만들어 정권을 유지하는 수단으로 이용

용선생의 역사 카페

역사계의 슈퍼스타,
용선생의 역사 카페에
오신 걸 환영합니다

Log in

게시판 ⌄

📄 역사가 제일 쉬웠어용!

📄 이제는 더~ 말할 수 있다!

📄 필독! 용선생의 매력 탐구

📄 전교 1등 나선애의 비밀 노트

무신 정변 이후 문신들은 어떻게 살았을까?

무신들이 난을 일으키자 지금까지 부귀영화를 누리던 문신들은 재산을 빼앗기고 목숨을 잃었어. 겨우 살아남은 문신들은 숨죽이고 살아야 했지만, 그중 일부는 기회를 엿보고 때를 기다리고 있었어.

대표적인 인물이 바로 김보당(?~1173)이야. 김보당은 당시 '동계'라고 불리던 변방 지역의 관리로 있었어. 김보당은 정중부, 이의방 등을 처단하고 전 임금인 의종을 다시 왕으로 세우기 위해 변방 지역에 있었던 군대를 동원했지. 하지만 김보당의 군대는 무신들이 보낸 군대와의 싸움에서 패배하고 말았어. 이때 김보당과 관련 있다고 의심을 받았던 많은 문신들이 목숨을 잃어야 했지. 무신 정변 이후 또다시 피바람이 몰아친 거야. 문신들은 더욱더 서슬 퍼런 무신들의 눈치를 보며 살 수밖에 없었지.

이규보(1168~1241)라는 뛰어난 학자도 무신들의 위세 앞에선 아무 일도 할 수 없었어. 아홉 살 때부터 글을 잘 지어서 '신동' 소리를 듣던 그는 과거 시험에서 세 번이나 쓴 잔을 마신 끝에 겨우 합격을 했어. 하지만 그는 오랫동안 변변한 벼슬 하나 받지 못했어. 막강한 권력을 가진 무신들에게 벼슬자리를 부탁하는 편지를 써 보았지만 아무런 소용이 없었지.

그렇게 몇 년의 세월이 흐르자, 이규보는 고구려 건국에 대한 기나긴 시를 쓰기 시작했어. 바로 〈동명왕편〉이란 서사시였지. 주몽이 시련을 겪으며 나라를 세우는 과정을 통해 훌륭한 임금이란 어떤 임금인지, 백성들이 살기 좋은 나라는 어떤 나라인지 말하려 했던 거야.

결국 이규보는 당시 최고 권력자인 최충헌을 칭송하는 시를 짓고 나서야 겨우 관리가 될 수 있었어. 과거에 합격한 지 18년 만의 일이었지. 최우의 측근이 된 그는 원하던 대로 재상이 되었고, 《동국이상국집》이라는 어마어마한 양의 문집을 남겼어.

이규보의
《동국이상국집》

 COMMENTS

나선애 : 선생님, 근데 《동국이상국집》은 무슨 뜻이에요? 동국은 동쪽 나라 같은데요.

└ 용선생 : 맞아. 《동국이상국집》이란 '동쪽 나라 이규보 재상의 문집'이란 뜻이야. '동쪽 나라'는 '고려'를 말해. '재상'은 종2품 이상의 높은 관리들을 가리키던 말이야.

한국사 퀴즈 달인을 찾아라!

01 ★☆☆☆☆

의종 때 몇몇 무신들이 반란을 일으켰다고 했지? 그걸 어려운 말로 뭐라고 부르더라?

( )

① 이자겸의 난   ② 서경 천도 운동
③ 공산 전투   ④ 무신 정변

02 ★★★☆☆

아이들이 무신들에 대해 이야기를 나누고 있어. 그런데 딱 한 명이 엉뚱한 소리를 하고 있잖아? 그 사람의 번호는 ( )!

 ① 무신들은 문신들에 비해 이런저런 차별을 받았다고 해.

 ② 무신은 정3품까지밖에 올라갈 수 없었고, 같은 등급의 벼슬을 하더라도 무신은 더 낮은 대우를 받았다고 해.

 ③ 그뿐인가? 문신들도 무신들을 엄청 업신여겼잖아. 문신 김돈중은 무신 정중부의 수염을 불태웠어. 또 새파랗게 젊은 문신 한뢰는 늙은 장군의 뺨을 때렸지.

 ④ 불만을 가진 무신들은 결국 정변을 일으켰어.

 ⑤ 이렇게 권력을 잡은 무신들은 그동안 고통받던 백성들을 위해 이런저런 정책을 발표했어. 백성들의 삶은 한결 나아질 수 있었지.

03 ★★★★★

장하다가 고려의 어떤 인물에 대해 소개하고 있어. 이 인물에 대한 설명으로 옳지 않은 것은 무엇일까? (   )

> 이의민을 제거하고 고려의 권력을 차지한 인물이야. 그의 후손들은 4대에 걸쳐 60여 년 동안이나 고려를 쥐고 흔들었지!

① 명종에게 〈봉사 10조〉를 올렸다.

② 자신을 죽이려한 왕을 쫓아내기도 했다.

③ 사병 집단인 도방을 처음으로 만들었다.

④ 교정도감을 설치해 자신에게 반대하는 사람들을 찾아 없앴다.

04 ★★★★☆

최충헌과 최우가 대화를 나누고 있어. 살짝 엿들어 보자.

 아들아, 권력은 잡는 것보다 유지하는 게 더 중요하단다. 그래서 나는 내게 반대하는 사람들을 찾아내 없애기 위해 (①)을 만들었단다. 나중엔 거기에서 그치지 않고, 나라의 중요한 일들을 모두 (①)에서 처리했지.

 그럼요, 아버지! 저도 '정방'을 저의 집 안에 만들었어요. 관리들을 뽑고 승진시키고 하는 중요한 나라의 문제들을 모두 여기서 처리했죠.

 잘했다! 근데 아들아, 너만의 군대는 잘 키우고 있니?

 그럼요, 아버지! (②)와 '야별초'라는 저만의 군대 조직을 만들었죠.

참으로 치밀한 아버지와 아들의 대화지? 그런데 구멍이 뻥뻥 뚫려 있지 뭐야? 친구들이 이 대화의 빈칸을 채워 줘! 밑의 박스에서 단어를 골라, 맞는 곳에 넣어 주는 거야.

①: (   ) ②: (   )

| 오병수박희 | 교정도감 | 마별초 | 보현원 |

• 정답은 261쪽에서 확인하세요!

무신들이 정변을 일으키고 나서 고려 사회는 크게 흔들렸어.
이런 혼란 속에서 농민과 노비들이 봉기를 일으켰지.
이른 새벽부터 열심히 일해도 가난에서 벗어날 수 없던 농민들과,
그보다 더 열악한 삶을 살아야 했던 노비들이
왜 잇달아 봉기를 일으켰을까? 그들이 꿈꾼 삶은 어떤 것이었을까?

1170 무신들이 난을 일으키다

1176 망이와 망소이가 난을 일으키다

1193 김사미와 효심이 봉기하다

1196 최충헌이 권력을 잡다

1198 만적이 반란을 계획하다

1219 몽골과 처음으로 국교를 맺다

〈미륵 하생경 변상도〉의 추수 장면

2교시

농민과 노비들,
새로운 세상을 꿈꾸다

✔ 알고 있는 용어에 체크해 보자!
☐ 망이 · 망소이의 난 ☐ 김사미와 효심의 난
☐ 만적의 난

공연장은 많은 사람들로 북적이고 있었다.

"뮤지컬도 좋지만, 또 이렇게 수업 빼먹어도 되는 거예요?"

들뜬 아이들 속에서 혼자만 불안한 표정을 짓고 있던 왕수재가 조심스럽게 입을 열었다.

"크크, 걱정 마. 이 공연 내용이 바로 우리가 오늘 공부할 부분이니까."

용선생의 말에 공연 안내지를 보고 있던 나선애가 설명을 보탰다.

"고려 명종 때 명학소에서 일어난 망이와 망소이의 난에 대한 내용이래."

"엥? 망이, 망소이? 우리나라에 '망'씨도 있었나?"

장하다가 눈을 껌벅거렸다.

"아니, 망이와 망소이는 그냥 이름이야. 이들은 신분이 낮아서 성이 없었거든. 명학소는 공주에 있는 '소' 중 하나였고."

허영심의 인물 사전

망이와 망소이
망이는 '없는 놈', 망소이는 '없어져야 할 놈'이라는 뜻이야. 진짜 이들의 이름이라기보다는 고려 정부가 붙인 이름이라고 봐야겠지.

"소? 소가 뭐예요?"

장하다가 처음 들어 본다는 표정을
짓자 왕수재가 한숨을 내쉬었다.

"어휴, 향·소·부곡! 기억 안 나?"

"그래, 맞아. 그중에서도 '소'는 특산품
을 생산해 나라에 바치는 곳이라고 했지? 이곳 주민들은 다른 지역
사람들과 똑같이 세금도 내고 나라에서 벌이는 공사에도 동원되면
서, 추가로 특산품을 바쳐야 했지. 그런데 무신들이 정권을 잡은
뒤로는 '소'에서 바쳐야 할 물품들이 더 많아졌지 뭐냐. 권력을 쥔
사람들의 호화로운 생활을 위해 이들이 더 큰 희생을 하게 된 거
야. 결국 가난에 허덕이며 하루하루 힘겹게 살아가던 사람들은 죽
기를 각오하고 봉기를 일으킨 거야."

 곽두기의 국어사전

봉기(蜂起)
벌떼[蜂]같이
들고일어난다[起]는
뜻이야.

"어? 시작하려나 봐요!"

용선생과 아이들은 서둘러 공연장 안으로 들어섰다.

망이와 망소이, 난을 일으키다

객석의 불이 꺼지자 공연장 안은 쥐 죽은 듯 고요해졌다. 잠시 뒤, 무대가 밝아지는가 싶더니 쩌렁쩌렁한 목소리가 울려 퍼졌다. 망이와 망소이였다.

"이렇게 당하기만 할 수는 없습니다! 우리도 사람답게 살아 봅시다!"

망이와 망소이는 수많은 사람들을 이끌고 공주를 향해 나아갔다. 대부분 허름한 옷을 입고 보잘것없는 무기를 들고 있었지만, 투지만큼은 정부의 군사들 못지않았다. 이 모습을 본 주변 지역의 농민들도 하나둘씩 대열에 동참했다. 어느새 1천 명으로 불어난 봉기군은 단 며칠 만에 1천5백 명이 지키고 있던 공주 관아를 점령했다. 그들은 못된 관리들을 찾아내 혼쭐을 내주고 관아의 창고를 열어 굶주린 백성들에게 식량을 나누어 주었다.

"뭐, 뭐라고? 도적떼가 봉기를 일으켜서 공주를 차지했다고? 당장 군사들을 보내서 본때를 보여 줘라!"

깜짝 놀란 조정에서는 3천 명의 군사들을 공주로 보냈다. 이들은
창과 칼, 화살로 무장한 채 공격을 퍼부었으나 죽을 각오로 덤비는
봉기군을 당해 낼 수 없었다. 겁에 질린 군사들은 슬금슬금 뒷걸음
질을 치기 시작했고, 결국 지휘관은 후퇴 명령을 내렸다.

"우리가 이겼다!"

봉기군의 환호성이 울려 퍼졌다. 누구도 예상치 못한 봉기군의
승리에 조정은 발칵 뒤집혔다. 1176년, 당시 권력을 쥔 것은 정중
부였다.

"큰일 났습니다! 저들이 청주까지
넘보고 있다고 합니다! 어찌하
면 좋을까요?"

정중부는 상황이 생각했던 것
이상으로 심각하다는 사실을
깨달았다. 그는 일단 봉기
군을 살살 달래야겠다는

결정을 내렸다.

"명학소를 '현'으로 올려 준다고 해라. 현의 이름은 '충성스럽고 순종하는 고을'이라는 뜻의 '충순현'으로 하도록 하고."

이 소식은 곧 봉기군에게 전해졌다.

"자네, 그 소식 들었나? 조정에서 우리 명학소를 충순현으로 올려 준다네."

"그럼 우리도 일반 군현의 백정들과 같은 대우를 받을 수 있단 말인가? 그렇담 더는 소에서 태어났다고 세금 더 내는 일도 없겠구만! 이제 조정에 바칠 물건들을 만드느라 허리가 휘도록 일하지 않아도 되겠어!"

"에이, 설마 그렇게까지 해 주겠어? 괜히 우릴 약 올리려는 수작 아닐까?"

봉기군이 술렁이는 가운데, 망이와 망소이는 고민에 빠졌다.

'어차피 싸움이 길어질수록 우리가 더 불리해질 가능성이 높다. 이쯤에서 싸움을 그만두고 저들의 제안을 받아들이는 것이 나을지도 모르지. 하지만 조정에서 하는 말을 믿어도 될까? 그래, 무작정 저들의 말을 따를 것이 아니라 확실히 다짐을 받아 놓자!'

망이와 망소이는 자신들의 뜻을 알리기 위해 직접 개경으로 올라갔다.

"약속하신 대로 명학소를 충순현으로 올려 주고 봉기군에게 보복

하지 않는다면, 저희도 이만 무기를 놓고 집으로 돌아가겠습니다."

"너희들이 원하는 대로 해 줄 테니 돌아가거라."

망이와 망소이는 그 말을 믿고 고향으로 돌아왔다. 그러나 정부 군은 다시 봉기군을 공격하고 망이의 어머니와 아내를 인질로 잡아가기까지 했다. 분노에 휩싸인 망이와 망소이는 개경에서 돌아온 지 40여 일 만에 다시 봉기를 일으켰다.

"도저히 참을 수 없소! 아예 개경까지 쳐들어갑시다!"

곧이어 조정에는 편지가 한 장 날아들었다.

"뭐라? 망이와 망소이가 편지를 보냈다고?"

명령을 받은 신하는 또박또박 편지를 읽어 나갔다.

"우리 고향을 현으로 승격시키고 수령을 보내 다스린다고 약속하지 않았는가? 그런데 돌연 군사를 보내 공격하고 나의 어머니와 아내까지 잡아 가두었다. 차라리 싸우다가 죽을지언정 끝까지 항복하지 않고, 반드시 개경까지 쳐들어 갈 것이다."

그러나 조정에서는 코웃음을 쳤다.

"감히 개경에 쳐들어오겠다고? 여봐라, 지금 당장 충순현을 도로 명학소로 돌려 놓고 군사들을 보내 봉기군을 진압하도록 해라! 인정사정 볼 것 없이 밀어붙여라, 알겠느냐?"

"네!"

정부군은 무자비한 공격을 퍼부었다. 봉기군은 악착같이 저항했지만, 시간이 흐를수록 서서히 밀리기 시작했다.

"시간을 끌수록 더 많은 사람들이 희생될 게 분명해. 차라리 이쯤에서 우리가 항복하자."

전세를 돌이킬 수 없음을 깨달은 망이와 망소이는 조정에 항복을 선언했다. 마침내 붙잡혀 감옥으로 끌려가는 이들을 보며 남은 봉기군은 통곡했다. 봉기군의 서러운 울음소리가 이어지자 객석에서

도 여기저기서 훌쩍거리는 소리가 들렸다.

 ## 봉기의 시대가 열리다

"누나, 그만 울어."

곽두기는 훌쩍이는 영심에게 휴지를 건넸다. 그런 두기의 눈에도
눈물이 그렁그렁했다.

"애들아, 일단 밖으로 나가자."

용선생과 아이들은 공연장 밖의 계단에 옹기종기 모여 앉았다. 그

명학소 민중 봉기 기념탑 명학소에서 일어난 망이와 망소이의 난을 기념하기 위해 만든 탑이야. 대전광역시 서구 탄방동에 있어.

새 거울을 꺼내 들여다본 허영심은 눈이 너무 많이 부었다며 수선을 피웠다.

"봉기가 실패로 끝나서 너무 안타까워요."

나선애가 먼저 말을 꺼내자 아이들도 저마다 한마디씩 하며 맞장구를 쳤다. 왕수재는 솔직히 계란으로 바위 치기였다며 시큰둥한 반응을 보였다. 아이들이 잠잠해지기를 기다려 용선생이 입을 열었다.

"비록 실패로 끝나긴 했지만, 망이와 망소이의 난은 우리 역사에서 무척 중요한 사건이었어. 우선 명학소 사람들이 주도하고 여기에 일반 농민들이 참여했다는 점에서 그렇지. 만약 명학소 사람들만 봉기를 일으켰다면 아마도 정부군에게 금방 진압됐을 거야. 하지만 다른 고을의 주민들까지 적극적으로 참여해서 봉기군의 규모는 상상을 초월할 정도로 커졌고, 봉기도 1년 반이나 지속될 수 있었어."

"그런데 다른 고을 사람들은 왜 나선 거죠? 그 사람들은 소에 사는 주민들보다는 살 만한 거 아니었나요?"

왕수재의 말에 허영심과 나선애도 고개를 끄덕였다.

"물론 그렇긴 하지만, 지배층이 횡포를 부리면 꼼짝없이 당할 수밖에 없는 처지라는 점은 똑같았지. 무신 정변이 성공한 이후 수많은 무신들이 관리가 되어 각 지방으로 파견되었는데, 이들 대부분은 백성들을 잘 보살피는 일보다는 자신의 배를 불리는 일에만 관심이 있었어. 그래서 백성들의 재산을 강제로 빼앗는 경우가 많았고."

"근데요, 그런 관리들은 무신 정변 이전에도 있었잖아요."

나선애의 말이었다.

"물론 그랬지. 이미 그 전부터 견디다 못해 고향에서 도망쳐 여기저기 떠돌아다니는 백성들이 숱했으니까. 그런데 유독 무신들이 정권을 잡고 있는 동안에 백성들이 봉기를 많이 일으켰어. 망이와 망소이의 난은 바로 그 시작이었지. 이렇게 봉기가 많이 일어났던 것은 바로 무신들이 난을 일으켰기 때문이기도 해."

"네?"

아이들은 그게 무슨 소리냐며 어리둥절한 표정을 지었다.

"고려는 엄격한 신분제 사회였잖아? 같은 신분 안에도 여러 지위가 나뉘어 있었고, 그에 따라 차별을 받는 것이 당연했지. 그런데 이 규칙을 무신들이 깨뜨려 버린 거야. 이들은 칼을 앞세워 반란을

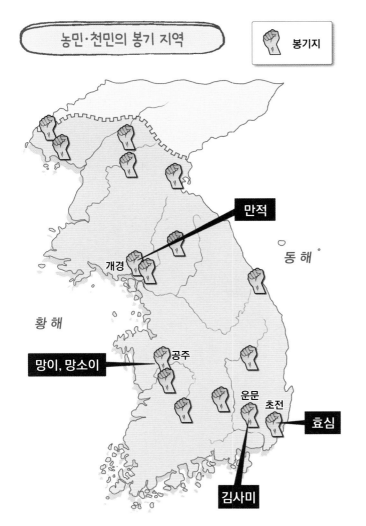

농민·천민의 봉기 지역

봉기지

만적

개경

동 해

황 해

망이, 망소이

공주

운문

초전

효심

김사미

일으키고 무신들의 세상을 만들어 버렸지. 이 사건은 왕족이나 문벌들뿐만 아니라 일반 백성들에게도 엄청난 충격을 안겨 주었어."

"그럼…… 백성들이 무신들을 따라 했다는 거네요?"

곽두기의 말에 용선생이 고개를 끄덕였다.

"그렇다고 볼 수 있지. 불만은 많지만 그것을 표현할 길이 없었던 백성들은 무신들이 힘으로 조정을 뒤엎어 버린 것을 보면서 '저 사람들도 했는데 우리라고 못하란 법이 있나'라는 생각을 했을 거야. 이런 생각을 가장 먼저 실천으로 옮긴 사람들이 바로 망이와 망소이가 이끌었던 봉기군이었어. 이 사건은 고려 사회를 완전히 발칵 뒤집어 놓았고, 이후 고려에서 향·소·부곡이 점차 사라지는 계기가 되었어."

"그 뒤에 일어난 봉기에도 이렇게 많은 사람들이 참여했나요?"

"1193년에 일어난 김사미와 효심의 난은 그 세력이 경상도 전역에 이를 만큼 어마어마했지. 농민이었던 김사미는 운문(경상북도 청도)에서, 그리고 효심은 초전(울산)에서 봉기를 일으켰는데, 이들은 서로 연락을 주고받으며 봉기군을 이끌었어. 비록 패배하긴 했지만 이때도 봉기가 1년 반 동안이나 이어졌지."

"나라가 너무 혼란스러웠던 것 같아요. 무신들끼리 싸우고, 백성들이 들고일어나고……."

"그런데 이렇게 우후죽순으로 일어나던 봉기는 최충헌이 정권을 잡으면서 수그러들기 시작했어. 최충헌은 자신의 정권을 보다 안정적으로 만들기 위해 백성들의 봉기를 이전보다 훨씬 무자비하게 진압해 버렸거든. 하지만 억누르면 억누를수록 백성들의 불만도 점점 커져만 갔지. 이는 신분이 가장 낮은 노비들도 예외가 아니었어."

허영심의 인물 사전

김사미와 효심
김사미는 운문에서 봉기를 일으켰다가, 마침 초전에서 봉기한 효심과 서로 연합 작전을 폈어. 하지만 봉기는 결국 실패하고 말았어. 1194년 2월 김사미는 죽임을 당했고 12월에 효심도 사로잡혔어.

 장군과 재상의 씨가 따로 있으랴!

"최충헌이 정권을 손에 넣은 지 2년 뒤인 1198년, 만적이라는 노비가 역사의 무대에 등장했어. 그는 노비라는 신분 자체를 없애야 한다는 생각을 가지고 있었지. 고려 시대 사람이, 그것도 노비가 이런 생각을 한다는 것은 감히 상상조차 할 수 없는 일이었어. 하지만 만적은 자신과 뜻을 함께할 노비들을 모으기 위해 기회를 노렸지."

아이들은 노비들도 봉기를 일으킬 모양이라며 수군거렸다.

"어느 날, 만적은 동료였던 미조이, 연복, 성복, 소삼, 효삼과 함께 북산으로 나무를 하러 가게 됐어. 마침 주변에는 다른 노비들도 많이 있었지. 지금이야말로 자기 뜻을 알릴 기회라고 생각한 만적은 노비들을 불러 모았어.

'정중부가 난을 일으킨 뒤로는 출신이 천한 이들이 높은 벼슬을 하는 경우가 많아졌소. 그러니 장군과 재상의 씨가 어찌 따로 있겠소? 기회만 된다면 누구나 될 수 있는 거요. 왜 우리만 매질을 당하고 죽도록 일해야 한단 말이오?'

노비들은 모두 만적의 말이 옳다고 여겼어."

긴장한 아이들은 두 손을 꼭 부여잡은 채 다음 이야기에 귀를 기울였다.

"노비들은 함께 힘을 모아 세상을 뒤엎자고 맹세하고, 궁궐에서 가까운 흥국사에 모여 봉기를 일으키기로 했어. 최충헌과 자신들의 주인을 죽인 다음, 노비 문서를 모조리 불태워 아예 천인이 없는 세상을 만들기로 했지. 만적은 헤어지기 전에 노비들에게 '丁(정)' 자가 적혀 있는 누런 종이를 나누어 주었는데, 이는 서로가 동지임을 알아보기 위해서였지."

"오, 꽤 치밀했는데요?"

왕수재가 감탄을 했다.

"드디어 약속한 날이 되었어. 그런데 흥국사에 모인 노비의 수는 고작 몇 백 명에 불과했어. 수천 명이 모여도 모자랄 판에, 고작 몇백 명이 모였으니 만적의 실망은 이만저만이 아니었지. 그는 하는 수 없이 날짜를 미루기로 하고 노비들에게 절대 비밀이 새어 나가지 않도록 하라고 당부했어. 그런데 이날 흥국사에 왔던 순정이라는 노비가 그만 약속을 깨고 말았지 뭐야. 날짜가 미뤄지자 불안해진 그는 그만 자기 주인에게 모든 사실을 털어놓았고, 그의 주인은 즉시 최충헌에게 이 일을 알렸어."

"아아, 어떡해!"

아이들은 왜 약속을 안 지키느냐며 펄쩍 뛰었다.

"최충헌은 봉기를 일으키려 했던 노비들을 모조리 잡아들였어. 만적을 비롯한 백여 명의 노비들이 끌려왔고, 최충헌은 이들을 모두 강물에 던져 버렸지."

"그 순정이라는 노비는 어떻게 됐어요?"

"순정은 상으로 은 80냥을 받고 양인이 되었지."

"쳇, 배신자 혼자서만 노비에서 벗어났구나."
장하다가 인상을 찌푸린 채 퉁명스럽게 내뱉었다.

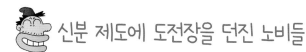 신분 제도에 도전장을 던진 노비들

"실패로 끝나긴 했지만, 만적의 난은 신분 제도에 정면으로 도전했던 놀라운 사건이었어. 우리 역사에서 농민들이 봉기를 일으킨 적은 많지만 이렇게 노비들끼리 모여서 봉기를 꾀했던 경우는 무척 드물어. 그런데 무신들이 정권을 쥐고 있던 기간에 비슷한 일들이 자주 일어났어. 만적의 난이 실패한 지 2년 뒤인 1200년에는 경상도 진주에서 노비 수천 명이 그 지역 관리의 집을 습격해서 불태워 버린 사건이 있었어. 그리고 1203년에는 개경 근처에서 몰래 전투 연습을 하던 노비들이 발각되었지. 이렇게 많은 노비들이 목숨을 걸고 저항했다는 건 그만큼 그 사람들의 삶이 힘들고 괴로웠다는 뜻이지. 그래서 많은 노비들이 자신의 처지를 바꾸기 위해 발버둥 쳤어. 그 가운데 몇몇은 기적적으로 양인이 되기도 했지."
"어떻게요?"
"예를 들면 돈을 많이 모았던 평량이라는 노비가 있었어."
"잠깐만요. 노비가 돈을 어떻게 모아요?"

〈미륵 하생경 변상도〉의 추수 장면 이 그림은 고려 시대 대표적인 불화 중 하나야. 노비로 추정되는 사람들이 추수하는 장면이 그려져 있어. 아래쪽에서는 벼를 베고 위쪽에서는 도리깨로 타작하고 떨어진 낟알을 쓸어 담고 있어.

"노비는 물건처럼 사고팔 수도 있고, 주인이 죽으면 상속하기도 해. 다른 사람한테 줄 수도 있고. 양인으로서의 권리가 없기 때문에 세금을 내지도 않지. 그런데 노비라고 해서 다 같은 모습으로 살았던 건 아니야. 우선 노비들은 어디서 살았을까?"

"그야 주인집에 조그만 방에서 살았던 거 아니에요?"

"그런 경우도 있지만, 그렇지 않고 주인과 따로 살았던 경우도 있

어. 어려운 말로 주인과 같이 사는 노비를 '솔
거 노비'라고 하고, 따로 사는 노비를 '외거
노비'라고 해. 솔거 노비들은 주인집의 허드
렛일을 하는 경우가 많았고, 외거 노비들은
주인집의 땅을 농사지어 세금처럼 주인집에
바쳤지. 둘 다 힘들었겠지만, 그래도 주인과
따로 사는 게 조금 더 살기가 좋았겠지?"

"아무래도 따로 사는 게 맘이 편했겠네요."

"노비들은 자신의 재산을 모을 수도 있었

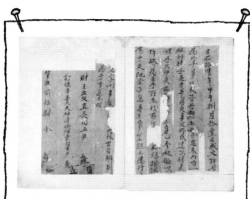

윤단학 노비 허여 문기 및 입안 윤광전이 그의
아들 윤단학에게 노비를 물려준 내용을 기록한 문서야.
1354년(공민왕 3년)에 작성되었어. 사람을 물려주다니,
정말 물건이나 다름없지? 고산윤선도전시관 소장.
보물.

어. 물론 매우 힘들었을 거야. 고려 시대 양인인 농민들도 겨우 먹
고사는 정도였는데, 노비들은 그보다 훨씬 상황이 안 좋았겠지. 그
러니 평량이라는 노비처럼 많은 돈을 모은 경우는 정말 드문 경우
야. 그는 원래 높은 관리의 노비였는데 주인과 함께 개경에서 살지
않고 경기도 양주에서 따로 농사를 짓는 외거 노비였지. 그는 열심
히 농사를 지어서 부자가 되었고, 관리에게 뇌물을 줘서 양인이 되
었어. 뿐만 아니라 낮은 벼슬까지 사들였지. 하지만 그의 아내는
여전히 왕원지라는 개경 사람의 노비였어. 그런데 왕원지가 무신
정변 이후 먹고살 길이 막막해지자 가족들을 이끌고 평량을 찾아온
거야. 평량은 그들을 후하게 대접한 뒤, 많은 돈까지 주어 돌려보
냈어. 하지만 왕원지 가족은 개경에 도착하기도 전에 모두 괴한들

의 손에 죽고 말았어. 바로 평량이 꾸민 일이었지."

"엥? 왜요?"

"자기 아내의 주인이 완전히 사라져 버리면 아내도 양인이 될 거라고 믿은 거지. 그래야 자식들도 양인으로 만들 수 있을 테니까. 부모 중 한 사람만 노비여도 그 자식은 노비로 살아야 했거든. 이후 평량은 아들과 처남을 관리 집안의 딸과 결혼시키고, 낮은 벼슬까지 얻어 줬어. 하지만 이 일은 결국 들통이 났고, 평량은 먼 곳으로 귀양을 갔어."

아이들은 평량이 왕원지를 죽이지 말았어야 했네, 그랬으면 영영 양인 대접을 제대로 받지 못했을 게 뻔하네 하며 의견이 분분했다.

"우리가 평량의 이야기에서 주목해야 할 점은, 그가 돈을 써서라도 노비에서 벗어나려고 했다는 사실이야. 만적과 같은 노비들이 무력을 통해 자신의 처지를 바꾸려 했듯이, 재산을 모은 평량과 같은 노비들은 돈으로 자신의 처지를 바꾸려 했던 거지. 방식은 달랐지만 신분 제도에 도전했다는 점에서는 같다고 볼 수 있어."

설명을 마친 용선생이 이제 그만 돌아가자고 했다. 하지만 아이들은 다시 이러쿵저러쿵 자신의 의견을 말하느라 정신이 없었다. 용선생은 주머니 속에 있는 자동차 키를 만지작거리며 아이들의 이야기에 귀를 기울였다. 저 멀리 보이는 텅 빈 주차장에는 용선생과 아이들이 타고 온 미니버스 한 대만 덩그러니 서 있었다.

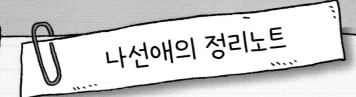

나선애의 정리노트

1. 무신 정권 때 봉기가 자주 일어난 까닭

① 지배층의 횡포로 백성들의 삶이 어려워짐

② 무신들의 반란이 성공한 뒤로 신분 질서가 어지러워짐

2. 대표적인 봉기는?

① 망이·망소이의 난(1176년)

- 공주 명학소 사람들과 주변 지역의 농민들이 봉기함
- 조정에서 명학소를 충순현으로 올려 준다고 약속함
- 그러나 정부군은 봉기군을 공격하고, 망이의 가족을 인질로 삼음
- 망이와 망소이가 2차로 봉기함
- 향, 소, 부곡이 점차 사라지는 계기가 됨

② 김사미와 효심의 난(1193년)

- 농민 김사미와 효심이 연합해서 봉기군을 이끎
- 세력이 경상도 전역에 이르렀음

③ 만적의 난(1198년)

- 노비 만적이 봉기를 일으키려 함
- 만적은 누구나 장군과 재상이 될 수 있다고 생각함
- 노비 문서를 불태워 천민이 없는 세상을 만들려고 함

용선생의 역사 카페

역사계의 슈퍼스타,
용선생의 역사 카페에
오신 걸 환영합니다

Log in

게시판 ⌄

📄 역사가 제일 쉬웠어용!
📄 이제는 더~ 말할 수 있다!
📄 필독! 용선생의 매력 탐구
📄 전교 1등 나선애의 비밀 노트

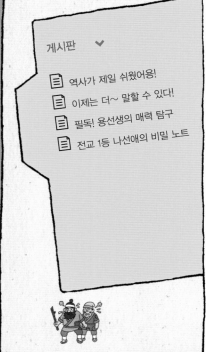

고려 시대 노비들은 어떻게 살았을까?

노비는 신분제 사회에서 가장 밑바닥 층에 있는 사람들이었어. 그래서 '천한 사람들'이라는 뜻으로 천민이라고도 불렀지. 고려 시대의 노비는 개인이 주인인 사노비(私奴婢), 왕실이나 국가가 주인인 공노비(公奴婢)로 나눌 수 있어. 사노비는 주인집에서 주인과 같이 사는 솔거 노비(率居奴婢)와 주인집에서 벗어나 따로 사는 외거 노비(外居奴婢)로 다시 나눌 수 있어. 사노비는 중요한 재산으로 취급되어 사고팔 수 있고 자식에게 물려줄 수도 있었어. 사노비의 주인은 노비를 죽이는 것을 제외하고 자기 맘대로 노비를 부려도 상관없었지.

공노비는 나라의 관청에 소속된 노비를 말해. 공노비는 일정 기간 동안 노동을 제공하는 노비와 매년 물품을 바치는 노비로 다시 나눌 수 있어. 이런 공노비는 그나마 사노비보다 형편이 좋았어. 사노비와 달리 물건처럼 팔리지도 않았고 60세가 되면 힘든 일에서 벗어날 수도 있었어.

986년(성종 5년)에 정해진 노비 가격을 살펴보면 일을 잘할 수 있는 젊은 노비가 나이 어린 노비나 늙은 노비보다 비쌌어. 그리고 여자 종인 '비'가 남자 종인 '노'보다 값이 비쌌지. 15~60세 남자 종의 가격은 옷감 100필이었고 15세 이하, 60세 이상 남자 종의 가격은 50필이었어. 반면, 15~50

세인 여자 종의 가격은 120필이었고 15세 이하, 50세 이상인 여자 종의 가격은 60필이었지. 여자 종은 아이를 낳을 수 있기 때문에 몸값이 남자 종보다 비쌌던 거야.

아버지나 어머니 중에서 어느 한쪽이라도 노비 출신이면 그 자식들은 모두 노비가 되어야만 했어. 말하자면 핏줄에 노비의 피가 흐르면 노비가 되어야만 하는 셈이었지. 새로 태어난 노비는 어머니의 주인이 차지했단다.

힘든 삶을 살아간 노비 중 일부는 전쟁에 참여해 공을 세우거나 주인을 대신해 3년 동안 무덤을 지키는 수고를 다한 후에야 겨우 노비에서 벗어날 수 있었어. 주인 몰래 도망치는 노비도 있었는데, 세 번이나 도망친 노비는 얼굴에 글자를 새겨 넣는 형벌을 받았어.

COMMENTS

🧑 나선애 : 공노비 〉 외거 노비 〉 솔거 노비 순으로 좋았던 거네요.

  └ 🧑 용선생 : 그렇게 볼 수 있지. 하지만 공노비도 노비이기 때문에 그렇게 좋았다고 할 수는 없어.

한국사 퀴즈 달인을 찾아라!

01 ★☆☆☆☆

 얘들아, 망이와 망소이가 왜 봉기를 일으켰는지 기억나?

 ① 그럼요! 최충헌을 몰아내려고 일으킨 거예요.

 ② 아닌데? 쫓겨난 의종의 복수를 하려고 했던 건데…….

 ③ 다들 틀렸어. '소'에 대한 착취가 심해졌기 때문이야.

 ④ 망이, 망소이는 멸망한 신라를 다시 일으키고자 했어.

 너희들 중 정답을 말한 사람의 번호는 바로 (   )!

02 ★★★★★

저길 봐, 누군가가 노비 문서를 찢고 있어. 다음 주장을 한 사람에 대한 설명으로 옳은 것은 무엇일까? (   )

"장군과 재상의 씨가 따로 없다"

① 왕이 없는 세상을 만들려고 했다.

② 수만 명의 노비를 모아 봉기를 일으켰다.

③ 노비들의 봉기 계획을 주인에게 털어놓았다.

④ 노비들과 함께 흥국사에 모여 봉기를 일으키려고 했다.

03 ★★★☆☆

수재가 오늘 배운 내용을 정리하고 있어. 근데 군데군데 빈칸이 있네. 빈칸에 어떤 단어가 들어가야 할까? (   )

언제?	1176년	1193년	1198년
누가?	망이와 망소이	김사미와 (ⓐ)	만적
특징	공주 (ⓑ) 사람들과 농민들의 봉기	농민들의 봉기	노비들의 봉기
집권자	정중부	이의민	(ⓒ)

① ⓐ 효심   ⓑ 명학소   ⓒ 평량
② ⓐ 평량   ⓑ 명학소   ⓒ 최우
③ ⓐ 효심   ⓑ 명학소   ⓒ 최충헌
④ ⓐ 효심   ⓑ 명학소   ⓒ 최우

04 ★★★★☆

아이들이 고려 시대 노비의 삶에 대해 이야기를 나누고 있어. 이 중에서 엉뚱한 말을 하는 아이의 번호는? (   )

 ① 노비는 가장 낮은 신분이었어. 죽도록 일을 해야만 했지.

 ② 공노비는 솔거 노비, 외거 노비로 나뉘었어.

 ③ 솔거 노비는 주인과 같이 사는 노비를 말해. 한자의 뜻은 거느릴 솔(率), 살 거(居)! 외거 노비는 주인과 따로 사는 노비를 말해. 한자의 뜻은 바깥 외(外), 살 거(居)!

 ④ 무신들이 정권을 쥐고 있을 때 노비들이 자신의 처지를 바꾸기 위해 하나로 뭉치는 일이 자주 일어났어.

 ⑤ 그 당시 사회는 엄청 혼란스러웠나 봐. 노비가 관리에게 돈을 주고 양인이 된 적도 있었거든.

알인 트로피

• 정답은 261쪽에서 확인하세요!

3교시

몽골의 침입에 맞서 싸우다

1198

노비 만적이
반란을
계획하다

최우가
권력을
장악하다

몽골이
침략하기
시작하다

강화도로
천도하다

고려와
몽골이
화친을
맺다

고려
세자와
원나라
공주가
결혼하다

1219   **1231**   **1232**   **1259**   **1274**

고려에서 최씨 정권이 안정기에 접어들던 무렵, 북쪽에서는 새로운 강자가 나타났어.
바로 몽골이었지. 무서운 기세로 주변 지역을 정복한 몽골은
순식간에 세계 제국으로 성장했어. 고려도 몽골의 침략을 피할 순 없었지.
1231년을 시작으로, 고려는 몽골과 30여 년에 걸친 긴 전쟁을 치러야 했단다.

✔ 알고 있는 용어에 체크해 보자!
☐ 몽골의 침입 ☐ 김윤후 ☐ 개경 환도
☐ 삼별초

"자, 출발! 오늘은 고려 궁궐터로 간다!"

용선생의 말에 왕수재의 눈이 휘둥그레졌다.

"네? 고려 궁궐은 개성에 있었잖아요! 개성에 간다고요?"

그러자 다른 아이들도 개성은 지금 북한 땅이 아니냐며 웅성거리기 시작했다. 놀란 용선생이 얼른 아이들을 말렸다.

"아이고 얘들아, 개성에만 궁궐이 있었던 게 아니야. 강화도에도 궁궐을 지은 적이 있다고."

"응? 왜 하필 강화도에 궁궐을 지었지?"

곽두기가 고개를 갸웃거리자 허영심이 자신 있게 입을 열었다.

"강화도는 섬이니까 경치가 좋잖아. 바다도 있고, 갯벌도 있고. 그래서 왕이 별장을 지은 게 아닐까?"

하지만 용선생은 고개를 저었다.

"무신 정권기에 고려는 강화도로 수도를 옮긴 적이 있었어. 그때 궁궐을 지은 거야."

"수도를 옮겨요? 왜요?"

"당시 세계 최강이었던 몽골에 대항하기 위해서였지!"

세계 최강이라는 말에 아이들은 바짝 긴장했다.

세계를 호령한 몽골 제국

"몽골은 원래 여러 부족들로 나뉘어 있었어. 그런데 테무친이라는 사람이 모든 부족을 하나로 통일하고는 몽골 제국을 세웠지. 제국의 황제가 된 그는 '칭기즈 칸'이라고 불렸어. 몽골 말로 '칸'은 '황제'라는 뜻이야. 이후 몽골 제국은 중국 대륙을 넘어 중앙아시아 대부분의 지역, 또 러시아와 동유럽에까지 세력을 뻗쳤어. 칭기즈 칸이 나라를 세운 지 불과 50여 년만에 몽골은 세계에서 가장 넓은 땅을 가진 나라가 된 거야. 세계 역사상 유례를 찾아볼 수 없는 일이

칭기즈 칸(?~1227) 열두 살쯤 되었을 무렵 아버지가 적에게 독살당하자, 동생들과 사냥을 하며 생계를 꾸려 나갔어. 갖은 고난을 이겨 낸 테무친은 몽골 부족을 하나로 통합하고 칭기즈 칸이 되었어.

었지."

"이야, 몽골이 그렇게 강했어요?"

장하다가 혀를 내두르며 물었다.

"몽골의 기마병들은 아무리 잘 훈련된 군대도 당해 내기 어려웠
대. 넓은 초원에서 말을 타고 떠돌아다니며 살아온 몽골 사람들은
말을 무척 잘 다뤘어. 그만큼 달리는 말 위에서 활을 쏘거나 칼과

창을 휘두르는 솜씨도 뛰어났지. 또 몽골군이 사용하던 화살은 굉장히 먼 거리를 날아갈 수 있었을 뿐 아니라, 화살 끝에 독이 발려 있어서 적의 몸에 스치기만 해도 치명상을 입혔대. 게다가 그들이 타고 다니는 말은 작지만 오랫동안 달릴 수 있어서, 멀리 떨어져 있는 지역에 가 전쟁을 벌일 때 아주 유리했어. 이러한 장점들을 최대한 활용한 몽골군은 무서운 속도로 다른 나라들을 점령해 나갔어. 그 과정에서 자신들에게 저항하는 지역에 대해서는 잔인하리만치 철저히 짓밟았지. 오죽했으면 몽골군과 싸움 한번 치르지 않고 항복하는 지역이 잇따를 정도였어."

"왜 싸워 보지도 않고 항복해요?"

"예를 들면 이런 식이었지. 몽골군은 중앙아시아의 호라즘 왕국을 점령할 때 성안의 모든 사람들을 죽이고 도시를 완전히 파괴해 버렸어. 이때 성 밖으로 도망치는 사람들이 있었는데, 칭기즈 칸은 일부러 그들을 내버려 두었대. 다른 도시로 도망친 사람들은 몽골군이 얼마나 잔인하고 무시무시한지 이야기하고 다녔고, 소문은 금세 널리 퍼져 나갔지. 칭기즈 칸은 바로 이 점을 노렸던 거야. 소문이 퍼진 뒤로는 몽골군이 쳐들어온다는 말만 들어도 사람들은 두려움에 떨었거든. 그러니 차마 맞서 싸울 엄두를 내지 못하고 곧장 항복해 버린 거야."

"으, 아주 무식하기 짝이 없는 사람들이었네요. 닥치는 대로 죽이고 부수고!"

왕수재가 얼굴을 찌푸리며 하는 말에 용선생이 고개를 저었다.

"꼭 그렇게만 볼 수는 없어. 몽골은 점령한 지역을 효율적으로 다스리는 방법도 알았던 것 같아. 칭기즈 칸은 항복한 사람들을 모두 몽골 제국이라는 이름 아래 똑같이 대우하도록 했어. 누구든지 충성심과 능력만 있으면 출신 지역과 상관없이 뽑아 관리로 삼았고, 전쟁에서 얻은 물건들도 모든 군사들에게 골고루 나눠 주었지. 그러자 정복당한 나라의 백성들도 자발적으로 칭기즈 칸의 군대에 들어오기 시작했어. 몽골은 이렇게 정복한 나라에서 새로 얻은 군사와 무기, 기술 등을 다른 나라를 정복하러 갈 때 적극적으로 활용했어. 특히 바다에서 싸워야 할 경우에는 반드시 해전에 강한 정복지 군사들을 데려갔지. 바다가 없는 초원에서만 살아 온 몽골의 군사들은 물 위에서 싸워 본 경험이 많지 않았으니까."

"듣고 보니 칭기즈 칸은 꽤나 현명한 사람이었나 봐요."

몽골군의 바그다드 공격 바그다드는 현재 이라크의 수도로, 오랫동안 이슬람 세계의 중심지였어. 칭기즈 칸의 손자가 이끈 몽골 군대가 1258년 바그다드를 점령하고 도시를 파괴했어.

나선애의 말에 다른 아이들도 고개를 끄덕였다.

"자, 이렇게 혜성같이 등장한 몽골 제국은 짧은 기간 동안 세계의 질서를 완전히 바꾸어 놓았어. 가까운 곳에 있던 고려 역시 그 영향을 피할 수 없었지."

심상치 않은 이야기가 나오리라는 것을 직감한 아이들은 침을 꿀꺽 삼켰다.

 몽골, 고려에 쳐들어오다

"고려와 몽골이 처음 마주하게 된 것은 1218년이었어. 거란족을 쫓던 몽골군이 고려 땅까지 들어오게 된 거였지. 이때 고려군과 몽골군은 함께 거란족을 물리쳤어."

"오잉? 고려랑 몽골이 싸운 게 아니라 같은 편이 된 거네요?"

"응, 몽골이 고려를 침략한 게 아니었으니까. 그런데 이 일을 계기로 고려는 몽골에 공물을 바쳐야 하는 입장이 됐어. 몽골 쪽에서 자신들이 고려를 구해 주었으니 해마다 공물을 바치라고 요구했거든. 고려 입장에서는 기가 막힐 노릇이었지만 몽골과 충돌하지 않으려면 그 말을 따르는 수밖에 없었지. 그런데 1225년, 공물을 받기 위해 고려를 찾아왔던 몽골 사신 저고여가 몽골로 돌아가던 중

 허영심의 인물 사전

저고여(?~1225)
몽골 사신이야.
공물로 받은 물건이
마음에 들지
않는다며 버리고
가거나, 고려 왕
앞에서 내던지곤
했어.

에 누군가에게 살해당했지 뭐야. 몽골은 고려가 꾸민 일이라고 몰아붙였지만, 고려로서는 몽골 사신을 죽일 이유가 없었지. 결국 이 일로 해서 두 나라의 관계는 끊어지게 됐어."

"그, 그럼 이제 몽골이 쳐들어오는 건가요?"

곽두기가 겁먹은 목소리로 물었다.

"당장은 아니었어. 그 사이에 칭기즈 칸이 세상을 떠났거든. 몽골에서는 원래 칸이 죽으면 모든 부족의 지도자들이 모여서 다음 칸을 뽑았는데, 이 과정이 몇 달에서 길게는 몇 년까지 걸렸어. 몽골의 새 칸이 뽑힌 것은 2년 뒤였어. 칭기즈 칸의 셋째 아들인 우구데

이였지. 그리고 다시 2년 뒤, 몽골은 끝내 고려에 칼을 겨누었어. 우구데이의 목표는 금나라와 서남아시아 지역을 완전히 정복하는 것이었는데, 그러자면 고려도 제압해야 한다고 여겼던 거야. 금나라가 고려와 손을 잡고 몽골에 대항한다면, 거기다 바다 건너 일본까지 힘을 합한다면 몽골에 큰 부담이 될 테니까. 결국 1231년 8월, 몽골군은 이미 6년이나 지난 저고여 사건을 핑계 삼아 고려로 쳐들어왔어!"

우구데이(1185~1241) 1229년에 몽골 제국의 두 번째 칸이 되었어. 조카에게 명해 러시아를 굴복시키고, 폴란드와 헝가리를 공격해 유럽을 공포로 몰아넣었어.

아이들은 너무 속 보인다며 야유를 보냈다.

"압록강을 건넌 몽골군은 의주 쪽으로 향했어. 의주성 사람들은 몽골군을 보자마자 항복을 해 버렸지. 다음 목적지인 철주로 향한 몽골군은 이번에도 항복을 권유했지만, 철주성을 지키던 사람들은 끝까지 저항했어. 하지만 몽골군을 당해 낼 순 없었지. 결국 성이 함락될 위기에 처하자 철주성의 남자들은 여자와 아이들을 창고에 모이도록 한 뒤 불을 놓았어. 그리고 자신들은 스스로 목숨을 끊었지. 성은 곧 함락되었고, 몽골군은 살아남은 사람들을 찾아내 모조리 죽였어. 몽골에 저항하면 어떻게 되는지를 보여 주기 위해서였지……."

아이들은 충격을 받았는지 아무 말도 하지 못했다. 용선생이 비장한 목소리로 이야기를 이었다.

"철주를 손에 넣은 몽골군은 계속 남쪽으로 내려와 귀주에 도착했어. 귀주성을 지키던 박서는 몽골군과 끝까지 싸우기로 결심했지. 이때 귀주성의 남문을 지키던 김경손은 군사들을 이끌고 나가 직접 싸우려 했어. 그러나 겁에 질린 군사들은 쉬 나서지 못했지. 결국 김경손은 단 열두 명의 군사들만 데리고 성문 밖으로 나섰어. 김경손이 활을 쏘아 제일 앞에 있던 몽골군 기병을 쓰러뜨리자 곧바로 열두 명의 군사들이 무서운 기세로 달려 나갔어. 그러자 몽골군은 뜻밖의 공격에 당황한 나머지 그대로 물러났어."

"우아, 진짜 용감하다!"

아이들의 입이 헤벌어지고, 장하다는 짝짝 박수를 쳤다.

"물론 싸움은 거기서 끝이 아니었지. 후퇴했던 몽골군은 다시 귀주성을 몇 겹으로 포위하고 공격을 퍼부었어. 하지만 사기가 오른 고려군은 성 밖으로 나가 용감하게 맞서 싸웠어. 치열한 전투가 이어지고 귀주성이 쉽게 무너질 기미를 보이지 않자, 몽골군은 아예 성 아래에 수레와 나무를 쌓아 받침대를 만들기 시작했어. 그러자 박서는 펄펄 끓는 쇳물을 붓도록 해서 수레를 통째로 태워 버렸어. 몽골군은 다시 성안으로 들어가기 위해 땅굴을 파기 시작했지. 그러자 고려군은 성 밑에 구멍을 뚫고는 이번에도 뜨거운 쇳물을 부었어. 몽골군이 판 땅굴은 그대로 무너져 내렸지!"

"아, 통쾌해!"

"하하, 몽골군이 엄청 약이 올랐겠네요!"

신이 난 아이들이 한마디씩 했다.

"몽골군은 커다란 포차를 끌고 와서 성벽에 포탄을 쏘아 대기 시작했어. 박서는 서둘러 나무를 가져다 성벽이 무너지지 않도록 막게 했어. 그러고는 포차에 커다란 돌을 담아 몽골군에게 쏘아 주었지! 이제 몽골군은 기름을 바른 장작에 불을 붙여 성안으로 던지기

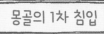

몽골의 1차 침입

몽골

여진

죽을 각오로
싸웁시다!

끝까지
싸우자!

쩝,
귀주는 포기

의주

철주

안북부

귀주

자주

개경으로
진격!

밀단 항복

개경

강화도

충주

시작했어. 하지만 박서는 이번에도 물을 섞은 진흙으로 재빨리 불을 꺼 버렸지!"

"끝까지 성을 지켜야 할 텐데……."

장하다가 땀이 난 손바닥을 바지에 쓱쓱 문지른 뒤 다시금 주먹을 꼭 쥐었다.

"몽골군은 30일이 넘도록 귀주성을 무너뜨리지 못했어. 몽골 장수는 그동안 수많은 지역을 정복하러 다녔지만 이런 공격을 받으면서도 끝까지 버티는 곳은 처음 본다며 탄식을 했어. '이렇게 버틸 수 있는 것은 하늘이 돕는 것이지 사람의 힘이 아니다!' 결국 몽골군은 귀주성을 포기하고 물러갔단다."

"만세!"

아이들이 일제히 환호성을 지르며 박수를 쳤다.

"하지만 승리는 계속 이어지지 못했어. 귀주성을 포기한 몽골군은 곧바로 개경으로 향했어. 당황한 조정에서는 군사를 내보냈고, 양쪽 군사들은 안북성에서 맞닥뜨렸지. 결과는 고려군의 참패였어. 그런가 하면, 남쪽으로 계속해서 내달리던 몽골 별동대는 살인과 약탈을 저지르며 충주와 청주까지 밀고 내려갔어. 특히 평주는 이들이 지나간 뒤 완전히 죽음의 땅이 되어 버렸지. 사람은 물론, 닭이나 개 한 마리 살아남은 것이 없었다고 하니까. 이길 가능성이 없다고 판단한 고려는 결국 그해 12월에 몽골과 강화를 맺었지. 몽골군은 어마어마한 양의 공물을 바칠 것, 그리고 왕족과 귀족의 자녀 수천 명을 인질로 보낼 것을 요구했어. 그뿐 아니라 고려 곳곳에 다루가치라는 몽골인 관리 72명을 보내 고려 안에서 벌어지는 일들을 낱낱이 감시하도록 했지."

"결국 이렇게 되는구나, 후유……."

허영심의 긴 한숨 소리에 장하다가 책상을 쿵쿵 두드리는 소리가 이어졌다.

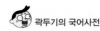

곽두기의 국어사전

강화(講和)
싸움을 그치고 화친[和]을 맺는[講] 거야.

나선애의 개념 사전

다루가치
몽골 말로 '속박하는 사람'이란 뜻이야. 몽골 제국에서 점령 지역의 백성을 다스리기 위해 보낸 관리야.

 ## 강화도로 수도를 옮기다

"그런데 여기서 끝이 아니야. 당시 정권을 잡고 있던 최우는 그대로 몽골에 무릎을 꿇을 수는 없다며 수도를 다른 곳으로 옮기고 끝까지 싸우자고 했어. 왕과 수많은 관리들이 그의 의견에 반대했지만 최우는 자신의 계획을 밀어붙였지."

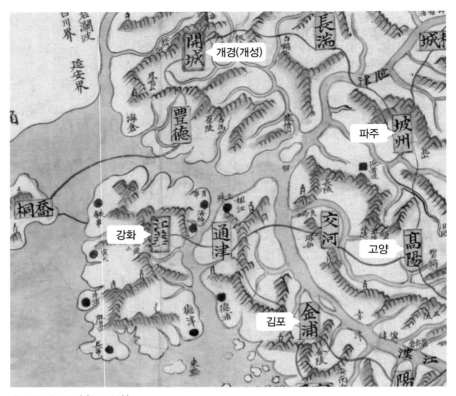

《여지도》의 강화도 부분 《여지도》는 조선 시대에 만들어진 지도책이야. 위쪽의 붉은 테두리
부분이 개경이고, 그 아래에 있는 커다란 섬이 강화도야. 고려 시대 때 강화도로 수도를 옮긴 후
농사지을 땅을 늘리기 위해 흙으로 바다와 갯벌을 메웠어. 그러니까 옛날의 강화도는 지금보다 훨씬
작고 해안선도 들쑥날쑥했어.

"아, 그래서 강화도로 수도를 옮기고 궁궐도 지은 거군요?"

나선애가 고개를 가볍게 끄덕이며 말했다. 마침 아이들을 태운
미니버스도 강화도 어귀로 들어서고 있었다. 창문 밖을 내다보던
곽두기가 "그런데 왜 하필 강화도였나요?" 하고 물었다.

"이곳 강화도는 개경에서 가까우면서 방어에 유리한 자연환경을

갖추고 있었거든. 일단 사방이 바다로 둘러싸여 있는 데다 밀물과 썰물의 차이가 크고 물살이 빨라서 배를 댈 수 있는 곳이 많지 않아. 게다가 섬의 남쪽과 서쪽 해안에는 넓은 갯벌이 펼쳐져 있어. 맨몸으로 걸어도 발이 푹푹 빠질 판에 각종 무기와 식량까지 짊어진 채 이 갯벌을 통과한다는 게 보통 일이 아니었겠지? 또 만약 그 사이에 고려군이 화살이라도 쏘아 댄다면 어떻겠어?"

"섬 전체가 요새였다 이거네요."

"그렇지! 또 있어. 강화도는 한강을 끼고 있기 때문에 충청도와 전라도, 경상도 등 여러 지역에서 올라온 세금이며 공물을 거두어들이는 데 아무 문제가 없었어. 그러니 최우는 이곳이야말로 몽골에 대항하는 동안 수도로 삼기에 딱 적합한 곳이라고 생각한 거야. 자, 이제 다 왔다!"

차에서 내린 아이들은 용선생을 따라 고려 궁궐터로 들어섰다. 용선생은 걸음을 옮기며 천천히 설명을 이었다.

"최우는 강화도에 군사들을 보내 궁궐과 도성은 물론이고 관리들과 백성들이 살 집도 짓게 했어. 그리고 공사가 어느 정도 완료되자 '개경 사람들은 정해진 날짜에 모두 강화도로 이사하라. 옮기지 않는 자는 군법으로 논할 것이다!' 하고 엄포를 놓았어. 하지만 강화도가 넓다고는 해도 개경 사람들이 모두 이 섬 안에 들어온다는 것은 불가능한 일이었지. 어쨌든 그게 최우가 수도를 옮긴 방식이

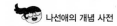 나선애의 개념 사전

갯벌
밀물이 되면
바닷물에 잠기고
썰물이 되면 모습을
드러내는 땅을 말해.

강화 고려 궁지 1232년(고종 19년)부터 1270년(원종 11년)까지 38년 동안 이곳에 고려의 궁궐이 있었어. 개경에 있었던 궁궐과 비슷하게 만들어 사용했어. 궁궐 뒷산도 개경에 있었던 산과 같은 이름인 송악산으로 불렀지. 인천시 강화군에 있어. 사적.

강화도에 남은 고려의 흔적!

용선생 현장 강의

었어."

"어머, 그러면 강화도에 못 들어가는 사람들은 어쩌라고요? 쳇!"

허영심이 투덜거리자 나선애가 갑자기 걸음을 딱 멈추었다.

"가만! 개경에 살던 사람들은 그나마 강화도에 들어올 수 있다고 치고, 다른 지역 사람들은 어떻게 했는데요?"

"그게…… 개경 밖에

사는 백성들에게는 가까운 곳에 있는 산성이나 섬으로 피하라는 명령만 내렸어."

아이들은 아무 대책도 없이 자기네만 강화도로 도망가면 어떡하느냐며 시끌시끌했다. 용선생은 아이들을 근처의 벤치로 이끌었다. 모두 자리에 앉자 용선생이 다시 입을 열었다.

"고려가 수도를 옮겼다는 소식이 전해지자, 몽골은 당장 강화도에서 나오라고 했어. 최우는 꼼짝도 하지 않았지. 그러자 몽골은 다시 고려를 침략하기 시작했어. 그 뒤로 몽골은 다섯 번이나 더 고려에 쳐들어왔고 육지에 남아 있던 백성들은 엄청난 고통을 겪어야 했어. 애초에 백성들이 들어가 살 수 있는 산성이나 섬도 많지 않았지만, 운 좋게 들어간다 하더라도 식량과 물을 구하기 어려워 오래 버틸 수 없었거든. 고려군은 몽골군에게 식량을 제공해서는

안 된다는 이유로 성 밖에 있는 집이며 곡식들을 모두 불태웠어. 그리고 몽골군이 휩쓸고 지나간 뒤에는 다시 관리들이 나타나 백성들이 가진 얼마 안 되는 곡식마저 세금으로 거두어 갔지."

"정말 너무하네! 도대체 최우는 뭐하고 있었던 거예요? 몽골에 대항하기 위해서 강화도로 수도를 옮긴 거라면서요?"

나선애가 목소리를 높였다.

"겉으로 내세운 이유는 그랬지. 하지만 최우가 수도를 옮긴 진짜 이유는 자신의 권력을 지키기 위해서였다고 보는 게 맞을 거야. 몽골이 본격적으로 고려 일에 간섭하기 시작하면 최우의 정권이 그대로 유지될 수 없을 테니까. 그러니 최우는 몽골군과 당당히 맞서 싸우기보다는 강화도에 틀어박힌 채 전쟁을 질질 끌기만 했어. 백성들이 갖은 고통을 당하는 동안 무신 정권의 권력자들은 이곳에서 예전과 다름없이 호화로운 생활을 누렸지. 특히 최우는 크고 화려한 집에서 수시로 잔치를 벌여 먹고 마시며 지냈어. 그러면서도 백성들에게는 전쟁 중이니 곡식을 아껴야 한다며 술을 빚어 마시지 말라, 쌀밥을 지어 먹지 말라 하고 명령을 내렸어. 물론 백성들이 그렇게 아껴서 모은 곡식은 대부분 이 강화도로 흘러들었지."

"으아! 나쁘다! 진짜 치사하다!"

흥분한 장하다가 주먹을 쥐고 흔들었다. 나선애는 그래도 나라를 이끈다는 사람들이 어쩌면 그럴 수가 있느냐며 분통을 터트렸다.

고려의 백성들, 몽골에 맞서 싸우다

"이제 백성들은 살아남기 위해 스스로를 지켜야만 했어. 가만히 앉아서 몽골군의 말발굽에 짓밟힐 수는 없는 노릇이었으니까. 1232년 경기도 용인에 있는 처인성에서 벌어진 전투는 온전히 백성들의 힘으로 치러 냈던 전투였어. 처인성은 처인 부곡에 있는 작은 토성이었기 때문에 당시 성안에 있던 사람들 대부분이 부곡민들이었어. 이들을 이끌고 있는 사람도 김윤후라는 승려였고."

용선생의 말에 아이들은 성이 함락되는 건 시간문제라며 고개를 절레절레 저었다.

처인성 지금의 경기도 용인시 남사면 아곡리에 있는 작은 토성이야. 이곳에서 승려 김윤후와 백성들은 몽골의 2차 침입을 물리치는 큰 공을 세웠어.

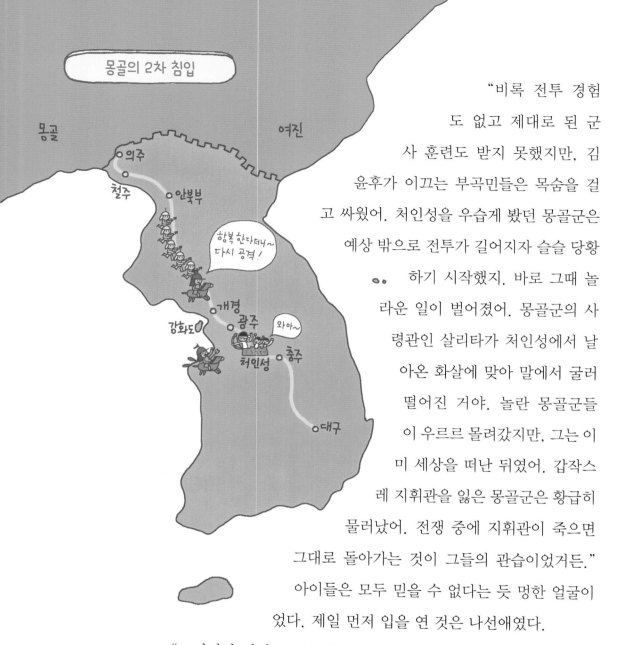

몽골의 2차 침입

몽골　여진

의주

철주　안북부

항복한다더니~
다시 공격!

개경
강화도　광주
　　　　　와아~
처인성　충주

대구

"비록 전투 경험도 없고 제대로 된 군사 훈련도 받지 못했지만, 김윤후가 이끄는 부곡민들은 목숨을 걸고 싸웠어. 처인성을 우습게 봤던 몽골군은 예상 밖으로 전투가 길어지자 슬슬 당황하기 시작했지. 바로 그때 놀라운 일이 벌어졌어. 몽골군의 사령관인 살리타가 처인성에서 날아온 화살에 맞아 말에서 굴러 떨어진 거야. 놀란 몽골군들이 우르르 몰려갔지만, 그는 이미 세상을 떠난 뒤였어. 갑작스레 지휘관을 잃은 몽골군은 황급히 물러났어. 전쟁 중에 지휘관이 죽으면 그대로 돌아가는 것이 그들의 관습이었거든."

아이들은 모두 믿을 수 없다는 듯 멍한 얼굴이었다. 제일 먼저 입을 연 것은 나선애였다.

"그러니까 정식으로 훈련받은 군인도 아닌 일반 백성들이 몽골군과 싸워서 이겼다는 거죠?"

용선생이 그렇다고 하자 아이들은 환호성을 질렀다. 장하다는 이게 웬일이냐며 곽두기를 와락 끌어안았다.

"몇 해 뒤인 1236년에도 지금의 경기도 안성에 있는 죽주성에서 고려군이 몽골군을 물리쳤어. 죽주성의 군사들을 이끌고 있었던 사람은 송문주라는 무관이었는데, 이 사람은 예전에 몽골군과 싸워 본 경험이 있는 사람이었지. 그래서 몽골군이 어떻게 쳐들어올 지를 예상하고 거기에 맞춰 작전을 짜서 몽골군을 물리칠 수 있었어."

"또 고려가 이긴 싸움은 어떤 게 있어요?"

장하다가 왠지 들뜬 목소리로 물었다.

"처인성에서 활약한 김윤후가 20여 년 뒤에 다시 한번 큰 활약을 펼쳤어. 1253년에 몽골이 다섯 번째로 쳐들어왔을 때였지. 처인성의 승리 뒤에 벼슬길에 나가게 된 김윤후는 이때 충주성을 지키고 있었어. 그런데 심각한 문제가 생겼어. 치열한 전투가 70여 일이나 이어지는 동안 성안에 있던 식량이 거의 다 떨어진 거야. 지칠 대로 지친 백성들은 몽골에서 거듭 항복하라고 권유하자 슬슬 흔들리기 시작했어. 그러자 김윤후는 성 사람들을 모아 놓고 이렇게 말했어. '여러분이 최선을 다해 적과 싸운다면 신분에 상관없이 벼슬을 내릴 것이오!'라고 말이야."

"흠, 그게 가능하겠어요? 백성들도 안 믿을 것 같은데……."

왕수재가 의심스런 눈초리를 보내며 말했다.

"충주성 사람들도 처음엔 그 말을 믿지 못했어. 그러자 김윤후는 노비 문서를 모두 가져다 사람들이 보는 앞에서 불태워 버렸지. 그리고 전투 중에 빼앗은 물건도 골고루 나누어 주었어. 엄격한 신분제 사회에서 이런 결정을 내린다는 건 결코 쉬운 일이 아니었지. 결국 백성들은 김윤후를 믿고 다시 똘똘 뭉쳐 몽골군의 공격을 막아 냈어. 성이 함락될 기미를 보이지 않자 몽골군은 제풀에 포기하고 돌아가 버렸지."

"이야, 또 만세!"

"김윤후라는 사람 진짜 멋지다!"

아이들의 감탄이 줄줄이 이어졌다. 왕수재는 여전히 미심쩍은 표정으로 백성들이 진짜로 벼슬을 받았는지 물었다.

"응, 몽골군이 물러가자 조정에서는 충주를 국원경으로 승격시키고, 농민에서 노비에 이르기까지 전쟁에서 공을 세운 모든 사람들에게 상을 내렸어. 또 김윤후에게도 높은 벼슬을 내렸지. 하지만 전투에서 승리를 거둔다고 해서 끝이 항상 좋았던 것은 아니야. 전투에서 공을 세운 장수나 백성들이 오히려 모함을 당하고 벌을 받는 일도 많았거든. 그러니 백성들은 점점 지쳐 갔어. 몽골군이 쳐들어올 때마다 수천에서 수만 명에 이르는 백성들이 희생됐지. 특히 몽골이 여섯 번째로 쳐들어온 1254년에는 한 해 동안 몽골군에게 포로로 끌려간 고려인의 수만 20만 명이 넘었다고 전해져. 목숨을 잃은 사람의 수는 헤아릴 수조차 없었고."

"몽골에 끌려간 사람들은 몽골인의 노예가 되었겠군요."

"그랬지. 그런데 끌려간 사람들 중에 운 좋게 고려로 돌아온 사람들도 있었던 모양이야. 당시 몽골로 끌려간 어머니와 동생을 20년도 더 지난 뒤에 되찾아 온 김천이라는 사람의 이야기가 전해지고 있거든. 죽은 줄만 알았던 가족들이 몽골에서 노예로 살고 있다는 사실을 알게 된 김천은 위험을 무릅쓰고 몽골로 들어가 간신히 어머니와 동생을 구해 냈다지."

"휴…… 그나마 희망을 주는 이야기네요."

말은 그렇게 하면서도 나선애의 목소리에

〈김천 속모〉 김천의 이야기를 그린 그림이야. 어머니가 살아 있다는 소식을 들은 김천은 이웃 사람에게 은(銀)을 빌려, 만리타향에서 고생하고 있던 어머니를 모시고 돌아왔어. 6년 후에는 동생을 노비 신분에서 해방시켰지.

는 힘이 하나도 없었다. 다른 아이들도 기운이 쭉 빠진 표정이었다. 용선생도 무겁게 입을 열었다.

"몽골군이 지나간 마을은 잿더미로 변했고, 경주 황룡사 구층 목탑과 같은 귀중한 문화유산들도 불에 타 버렸어. 시간이 흐를수록 백성들의 마음은 더욱 얼어붙었지. 몽골군에게 항복하는 백성들은 그 전에도 있었지만, 가장 피해가 심했던 몽골의 6차 침입 이후로는 분위기가 한층 달라졌어. 고려의 관리와 군인들을 죽이고 몽골에 항복하는 백성들의 수가 급격히 늘어난 거야. 이렇게 백성들이 등을 돌리자, 조정의 관리들도 그만 전쟁을 끝내야 한다고 주장하기 시작했어. 하지만 정권을 대물림하던 최씨 일가의 태도는 변함이 없었지. 이미 최우에 이어 최항, 최항에 이어 최의가 정권을 물려받은 터였어."

여기저기서 "우-우-우!" 하고 야유 소리가 터져 나왔다.

고려의 태자, 몽골을 찾아가다

"그러다 1258년, 최의가 권력을 물려받은 지 1년 남짓하던 때였어. 전쟁이 오래 지속되는데도 최씨 정권이 제대로 대응을 하지 못하자, 최씨 정권의 권력도 흔들릴 수밖에 없었어. 불안한 권력을 겨우 지탱하던 최의는 결국 불만을 품은 김준 등에게 죽임을 당했지. 이로써 60여 년 동안 고려를 좌지우지했던 최씨 정권은 몰락해 버렸어. 그것으로 전쟁도 끝이었지. 조정에서는 곧바로 몽골과 강화를 맺고 태자를 몽골로 보냈어. 몽골의 요구 조건이 수도를 다시 개경으로 옮기고, 왕이 직접 몽골의 칸을 찾아와 예를 올리라는 것이었거든. 하지만 당시 왕이었던 고종은 이미 나이가 너무 많아 먼

길을 가기 어려웠기 때문에 태자가 대신 가게 된 거야."

"후아, 백성들을 괴롭히던 전쟁이 끝나서 정말 다행이에요."

곽두기의 말에 다른 아이들도 고개를 끄덕였다.

"그런데 이때 그 누구도 예상치 못한 일이 벌어졌어. 태자가 몽골로 가는 도중에 당시 몽골의 칸이었던 뭉케가 갑작스레 세상을 떠난 거야."

"그럼 또 부족 대표들이 모여서 오랫동안 회의를 해야 되는 거예요?"

"응, 그런데 이번에는 상황이 좀 특별했어. 뭉케의 두 동생 쿠빌라이

사냥을 나선 쿠빌라이 쿠빌라이가 말을 타고 사냥을 나간 장면을 그린 그림이야. 타이완의 국립고궁박물관에 소장되어 있어.

와 아릭부케가 유력한 후보자였는데, 이들은 서로 자신의 세력을 거느린 채 제각각 칸의 지위에 올랐거든. 몽골은 두 명의 칸을 중심으로 세력 싸움을 시작하게 된 거야. 하지만 둘 중에 좀 더 유리한 쪽은 전쟁터에 나가 있던 쿠빌라이보다는 몽골 수도에 있던 아릭부케였어."

"어라? 그럼 몽골에 간 고려 태자는 누구를 찾아가야 되는 거죠?"

장하다의 말에 용선생이 "그래!" 했다.

"바로 그게 문제였어. 태자는 두 사람 중에 한 명을 선택해야만 했던 거야. 그가 선택하는 사람이 장차 몽골 전체를 지배하게 될 것인지, 아니면 세력 싸움에서 밀려나고 말 것인지에 따라서 고려의 운명도 확 달라질 판이었지."

"아릭부케가 좀 더 유리했다면서요. 당연히 확률이 높은 사람한테 가야죠!"

왕수재가 고민할 필요도 없다는 듯 힘주어 말했다.

"하지만 태자가 찾아간 사람은 쿠빌라이였어. 왜 그런 선택을 했는지에 대해서는 정확히 알려져 있지 않지만, 아마 태자 일행은 나

름대로 쿠빌라이의 세력과 주변 정세를 세밀하게 살펴서 결정했을 거야.”

“그래서 누가 됐어요?”

허영심이 초조한 표정으로 결론을 재촉했다.

“궁금하지? 쿠빌라이는 고려의 태자가 자신을 찾아왔다는 사실에 크게 기뻐하며 이렇게 말했대.

‘고려는 1만 리 밖의 큰 나라다. 일찍이 당나라 태종이 공격했을 때도 항복을 받아 내지 못한 나라인데, 그 나라 태자가 스스로 나를 찾아왔으니 이는 하늘의 뜻이로다!’”

“어? 당 태종이 항복시키지 못한 나라는 고려가 아니라 고구려 아닌가요?”

“쿠빌라이라는 사람이 우리나라 역사는 잘 몰랐나 보네요.”

나선애와 왕수재가 한 마디씩 하자 용선생이 흡족해하며 고개를 끄덕였다.

“너희들 고구려 역사도 잘 기억하고 있구나. 그래 맞아. 당 태종이 공격했던 나라는 고구려였지. 쿠빌라이도 아마 알고 있었을 거야. 그렇지만 그렇게 부풀려 얘기한 거지. 고려가 실제로 수십 년 동안 몽골에 항복하고 있지 않은 건 사실이지만, 1만 리 밖의 나라라는 것이나 큰 나라라고 하는 것은 좀 과장된 부분이 있는 것 같아. 쿠빌라이는 아릭부케와 칸 자리를 두고 싸우고 있는 중이라고 했지? 그래서 그렇게 멀리 있고, 크고 강한 나라가 나에게 항복을 해왔다라고 주변에 광고를 하는 거지. 그러면 쿠빌라이와 아릭부케 사이에서 고민하던 세력들도 마음이 좀 더 쿠빌라이 쪽으로 기울지 않겠어?"

"그렇네요. 그리고 보니 고려 태자와 쿠빌라이 양쪽의 입장이 맞아떨어진 거네요."

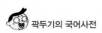
"그래, 그래서 쿠빌라이는 태자 일행을 잘 대접해 주고 자신의 이름을 건 칙서까지 써 주었어. 앞으로 몽골은 고려를 침략하지 않을 것이며, 태자에게 반기를 드는 세력이 있다면 자신에게 저항하는 것으로 여기겠다는 내용이었지. 고려로 돌아온 태자는 곧 왕위에 올랐어. 고려의 24대 왕인 원종이야. 그리고 그로부터 4년 뒤, 결국 쿠빌라이는 아릭부케로부터 항복을 받아 냈어. 얼마 뒤에는 나라 이름도 몽골에서 '원'으로 바꾸었지."

잔뜩 긴장한 채 듣고 있던 아이들은 안도의 한숨을 내쉬었다.

"쿠빌라이가 약속을 지켰겠죠?"

허영심이 조심스레 물었다.

"그랬지. 쿠빌라이는 원종의 요구대로 고려에 있던 몽골군과 다루가치들을 모두 철수시키고 고려의 풍속도 고스란히 인정했어. 또 '고려'라는 나라 이름도 그대로 유지하도록 했는데, 이건 무척 특별한 경우였어. 몽골에 항복한 다른 나라들과 달리 고려만큼은 독립

된 나라로 인정한다는 뜻이었지."

"잘됐다! 그럼 이제 고려도 평화를 찾은 거죠?"

곽두기가 기대에 차 물었지만, 용선생은 고개를 가로저었다.

끝까지 몽골에 저항한 사병 집단, 삼별초

"원종은 몽골의 요구대로 당장 수도를 개경으로 옮기라는 명령을 내렸어. 하지만 몽골과 강화를 하는 것에 반대하던 무신들은 이를 거부한 채 끝까지 강화도에 남아서 버텼어."

"응? 최씨 정권은 무너졌다면서요?"

허영심이 고개를 갸웃거렸다.

"최씨 정권이 무너진 거지, 아직 무신 정권은 이어지고 있었어. 최의가 죽은 뒤에도 김준, 임연, 임유무 등의 무신들이 차례로 무신 정권을 이끌었지. 이들은 자신들의 권력을 유지하기 위해 개경으로 돌아가지 않으려 했어. 그 뒤로 10여 년 동안 왕실을 중심으로 한 화친파와, 개경 환도에 반대하는 무신 권력자 사이에 힘겨루기가 이어졌어. 하지만 마지막 집권자였던 임유무가 살해되면서 개경 환도는 자연스럽게 이루어졌지."

"이번엔 무신 정권이 끝난 거 맞겠죠?"

"응. 그런데 얘들아, 아직도 다 끝난 게 아니야. 무신 정권이 무너진 뒤에도 개경으로 돌아가지 않고 몽골에 맞섰던 세력이 있었거든."

"그게 누군데요?"

"바로 삼별초였어."

아이들은 그건 또 누구냐며 어리둥절한 표정을 지었다.

"별초란 '특별히 선발한 무사 집단'을 말해. 이러한 별초가 3개였기 때문에 '삼별초'라고 부른 거야. 고려 최강의 군대였던 삼별초는 오랫동안 최씨 정권을 지키는 사병 집단으로 활약했지만, 나중에는 최씨 정권을 무너뜨린 주인공이 되기도 했지. 최의가 죽임을 당할 때 동원된 군사들이 바로 삼별초였어."

"그런데 왜 개경으로 돌아가지 않으려 했나요?"

"원종이 일방적으로 삼별초를 해산할 것을 명령했거든. 또 비록 최씨 정권을 무너뜨리긴 했지만 긴 세월 동안 최씨 정권을 지탱하던 힘이 바로 삼별초였으니, 이들은 개경으로 돌아가는 순간 큰 벌을 받지 않을까 불안했을 거야. 결국 삼별초는 왕에게 반기를 들기로 했어. 물론 몽골과도 끝까지 싸우는 거였지. 그들은 강화도에 남아 있던 사람들을 배에 태우고 진도로 옮겨 진을 쳤어. 그리고 왕족인 왕온을 왕으로 세웠지."

"왕이요? 그럼 자기네끼리 나라를 세웠다는 말이에요?"

용선생이 고개를 끄덕이자 아이들은 도대체 이게 무슨 상황이냐며 술렁거렸다.

"삼별초의 기세는 대단했어. 진도와 제주도를 중심으로 창원, 김해 등 남해안 일대를 손에 넣고는 전라도의 나주와 전주, 심지어는 멀리 인천 지역까지 진출했지. 서해안 뱃길까지 삼별초의 손에 넘어가 버리자 고려 조정은 심각한 타격을 받았어. 남쪽에서 거둔 세금은 서해안을 통해 운반돼야 하는데 이 길을 삼별초가

가로막아 버렸으니 말이야. 고민하던 원종은 결국 몽골에 손을 내밀었고, 고려와 몽골 연합군은 삼별초를 공격하기 시작했어."

장하다는 하필 몽골과 손을 잡느냐며 떨떠름한 표정을 지었다.

"1271년, 신무기까지 앞세운 연합군의 공격으로 삼별초를 이끌었던 배중손과, 왕으로 세웠던 왕온이 죽음을 맞이했어. 남은 사람들은 제주도로 도망쳤지만 이미 수많은 군사들과 전함, 식량 등을 잃은 뒤였지. 힘이 약해진 삼별초 정부는 일본과 손을 잡으려 했지만 그마저도 여의치 않았어. 결국 1273년, 연합군의 공격을 받은 삼별

진도 용장성 삼별초가 몽골에 항쟁하면서 전라남도 진도에 세웠던 성이야. 건물은 남아 있지 않고 계단식의 궁궐터만 남아 있어. 사적.

제주 항파두리 항몽 유적 제주까지 옮겨간 삼별초는 여기에 성을 쌓고 저항했어. 삼별초의 항쟁이 끝나고 성은 대부분 허물어지고, 사진처럼 부분적으로 토성의 흔적이 남아 있단다. 사적.

용선생 현장 강의

삼별초 따라 제주까지!

초는 무너지고 말았고, 이로써 4년 동안 이어진 긴 싸움도 끝이 났지."

"그것 참, 몽골에 마지막까지 저항했던 세력이 무신 정권의 군대였다니……."

왕수재가 모르겠다는 표정을 짓자, 나선애도 한마디 했다.

"난 삼별초가 그렇게 넓은 지역을 장악하고 있었다는 사실이 더 놀라워. 오죽하면 고려 조정에서 몽골의 힘을 빌렸겠어?"

그러자 용선생이 설명을 보태 주었다.

"삼별초 세력이 그토록 크게 성장할 수 있었던 건 경상도와 남해안 지역 백성들이 그들을 지지한 덕분이었어. 백성들 중에는 무신 정권이 무너진 것은 잘된 일이라고 생각하지만, 고려가 몽골의 간섭을 받게 되는 데는 반대하는 이들이 많았거든."

"어쨌든 고려가 아무리 급해도 몽골한테 도와 달라고 한 건 좀 아닌 것 같아요. 그동안 백성들이 얼마나 고생했는데!"

장하다는 정말 마음에 들지 않는다며 입을 삐죽이 내밀었다. 한동안 조용하던 허영심도 입을 열었다.

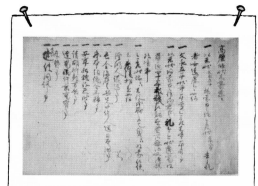

<고려첩장불심조조> 일본의 관리가 작성한 문서야. 1268년과 1271년에 고려에서 보내 온 외교 문서를 각각 비교해서 의심이 가는 부분을 정리했어. 이 문서를 통해 삼별초가 일본과 군사적 동맹을 맺으려 했다는 걸 알 수 있어.

"그치만 왕의 입장에서는 그럴 수밖에 없었을 것 같아. 그동안 무신 정권이 이어진 게 얼만데? 게다가 삼별초가 떡하니 다른 왕까지 세워 버렸잖아."

"난 고려 사람들이 30년 넘게 나라를 지켜 냈다는 게 자랑스러운데……."

이번엔 곽두기였다. 용선생이 빙그레 웃으며 고개를 끄덕였다.

"그래, 다른 건 몰라도 그 점만은 꼭 기억해야지. 자신들의 권력을 지키려던 무신 정권 세력, 또 몽골에 기대어 왕권을 되찾으려던 왕실보다 더 큰 희생을 치르고 더 치열하게 싸웠던 건 바로 고려의 백성들이니까!"

용선생이 슥슥 엉덩이를 털고 일어나자 아이들도 하나둘 자리에서 일어났다. 어느덧 하늘은 불그스름하게 물들어 있었다.

"사람들이 모두 개경으로 돌아간 이후에는 이곳이 엄청 썰렁했을 것 같아요."

"썰렁할 틈도 없었어. 고려 사람들이 개경으로 돌아가자마자 몽골군이 들어와서 성을 모조리 부숴 버렸거든. 다시는 강화도로 돌아오지 못하도록 하기 위해서였지."

"그럼 여기 있는 건물들은 뭐예요?"

"조선 시대에 만들어진 건물들을 다시 복원한 거야. 고려 시대 건물은 지금껏 남아 있는 것이 하나도 없어. 정말 안타까운 일이지."

용선생은 아이들을 데리고 천천히 걷기 시작했다. 누가 시킨 것도 아니건만, 모두들 입을 꼭 다물고 있었다. 자그마한 궁궐터에는 바람 소리만 가득했다.

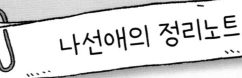

나선애의 정리노트

1. 몽골과 고려의 관계

① 외교 관계를 맺음(1219년) : 몽골과 고려가 연합하여 거란족을
   물리치면서 처음 외교 관계를 맺음 → 고려가 몽골에 공물을 바침

② 몽골 사신 저고여가 살해됨(1225년) : 외교 단절!

③ 몽골의 침입: 1차 침입(1231년) → 고려가 몽골과 강화를 맺음 →
   그러나 최우는 수도를 강화도로 옮기고 대항함 → 백성들의 고통이 커지자
   전쟁을 끝내자는 주장이 커짐 → 최의가 살해당함

④ 고려 태자가 쿠빌라이를 만남(1259년) : 쿠빌라이는 몽골군과 다루가치를
   철수시키기로 약속. 고려의 풍속과 '고려'라는 나라 이름도 그대로 유지하게 함

2. 몽골군을 물리친 고려 백성들

언제?	누가?	어떻게?
2차 침입	김윤후와 처인 부곡 사람들	몽골 사령관 살리타를 죽임 → 몽골군 철수
5차 침입	김윤후와 충주성 사람들	김윤후가 노비 문서를 불태워 사기를 높임 → 사람들이 용감히 싸워 몽골군의 공격을 막아 냄 → 몽골군이 포기하고 물러감

3. 삼별초의 항쟁

　　　　　　　　　　　　　┌─ 몽골과의 전쟁 중에 포로가 되었다 탈출한 병사들

① 삼별초란? 좌별초 + 우별초 + 신의군
　　　　　　　└─ 야별초를 둘로 나눈 것

② 항쟁을 시작한 이유? 몽골과의 강화에 대한 반대, 해산 명령을 내린
   원종에 대한 저항

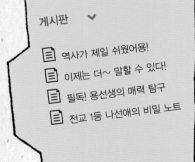

탐라국, 제주도가 되다

우리나라의 이름난 관광지인 제주도. 그런데 제주도가 고려 시대 때 비로소 완전한 우리나라의 영토가 되었다는 사실을 알고 있니?

제주도 사람들에 대한 최초의 기록은 중국 역사책인 《삼국지》와 《후한서》에서 찾아볼 수 있어. 이 책들에 따르면 제주도 사람들은 머리를 빡빡 깎는 풍습이 있고, 말은 마한과 약간 달랐대. 주로 삼한과 교류를 했지만, 중국이나 왜와도 교류를 했고.

이후 제주도 사람들은 '탐라'라는 나라를 세웠어. '탐라'가 무슨 뜻인지는 정확히 알 수 없지만 '섬나라'라는 뜻으로 추정돼. 《삼국사기》에 따르면 476년 탐라국이 백제에 조공을 바치자 백제 왕이 기뻐하며 벼슬을 내렸다고 해. 백제가 멸망한 후인 661년에는 당나라에 사신을 보내고, 왕자 아파기(阿波伎)를 일본에 보내서 정식으로 국교를 맺었지. 그러다가 662년에는 신라에 충성을 약속하며 조공을 바쳤어. 이렇게 탐라국은 주변 나라들의 정세를 살피며, 그 속에서 살아가고 있었어.

고려 시대가 되자, 상황이 조금씩 달라지기 시작했어. 고려도 처음엔 신라와 마찬가지로 탐라국으로부터 조공을 받았어. 탐라국의 지배층에게 벼슬을 내려 주고 나라를 알아서 잘 다스리게 했지. 그런데 1105년 숙종이 탐라국을 고려의 한 지방인 '탐라군'으로 만들었어. 의종 때는 아예 지방관을 보내서 고려의 지배를 받게 했지. 나중에는 이름도 '제주(濟州)'로 바꾸었어. 제주는 '물 건너에 있는 큰 고을'이라는 뜻이야.

이후 제주도에서는 많은 일들이 일어났어. 원종 때에는 삼별초의 근거지였다가, 삼별초가 무너진 뒤에는 원나라의 땅이 되었지. 원나라는 제주도에 '탐라총관부'라는 기구를 세우고, 말을 키우는 목마장을 만들었어. 제주도는 기후가 따뜻하고, 말의 먹이가 되는 목초가 풍부하거든. 또 사나운 맹수가 없어서 말을 키우기 알맞은 곳이었어.

제주도는 원나라의 힘이 약해진 이후에 다시 고려와 조선의 영토로 들어왔지. 조선 시대에는 전라도에 속해 있었어. 1946년에 제주도 이름에 섬 도(島)자가 아닌 길 도(道)자가 붙게 되었어. 그러니까 경기도, 강원도라고 할 때 그 도가 된 거지. 그리고 2006년에는 제주특별자치도가 되었단다.

 COMMENTS

😀 왕수재: 탐라국 사람들 입장에서는 나라가 망한 거네요.

↳ 🍰 용선생: 그렇게 볼 수 있지. 그런데 탐라가 고려의 군현이 되면서, 탐라 출신들 중에는 중앙 정부의 높은 관리가 되는 사람들도 나타났어. 그중 고조기(?~1157)라는 사람은 재상의 자리에까지 올랐지.

한국사 퀴즈 달인을 찾아라!

01 ★☆☆☆☆

몽골은 원래 여러 부족으로 나뉘어 있었다고 했지? 모든 몽골 부족을 하나로 통일하고 세계 최강의 제국을 건설한 이 사람 기억나?

(   )

① 칭기즈 칸　　　　② 쿠빌라이
③ 우구데이　　　　④ 아릭부케

02 ★★☆☆☆

아이들이 몽골 제국에 대해 이야기를 나누고 있어. 그런데 딱 한 아이가 엉뚱한 말을 하고 있네! 그 아이의 번호는? (   )

① 몽골군은 말을 엄청 잘 탔대. 달리는 말 위에서 자유자재로 활을 쏘았다지.

② 게다가 몽골군은 심리전에도 능했나 봐. 자신들에게 저항하는 지역을 철저하게 파괴하고는 일부러 소문이 퍼져 나가게 했어. 사람들은 몽골군이 온다는 말만 들어도 벌벌 떨고 차마 맞서 싸울 엄두를 내지 못했지.

③ 근데 항복한 사람들을 심하게 차별해서 몽골 제국은 오래가지 못했어.

④ 아닌데……. 누구든지 능력만 있고, 충성하기만 하면 관리로 뽑았대. 그래서 몽골군에 들어가는 사람이 많았어.

⑤ 맞아! 덕분에 몽골 제국은 점점 더 강해졌어. 새로 얻은 군사, 무기, 기술을 활용할 수 있었거든.

03 ★★★★★

장하다가 수업 시간에 배운 내용을 정리했는데 빈칸이 남아 있네! 노트의 빈칸에 들어갈 내용으로 옳지 않은 것은 무엇일까?

(   )

> **수도를 옮긴 고려**
> 최우는 몽골이 쳐들어오자 강화도로 수도를 옮겼다. 수도를 강화도로 옮긴 이유는 [   ]

① 일본과 힘을 합쳐 싸우기 좋은 곳이기 때문이다.

② 남쪽과 서쪽 해안에 넓은 갯벌이 펼쳐져 통과하기 어려웠기 때문이다.

③ 사방이 바다에 둘러싸여 있어 적을 방어하기 유리했기 때문이다.

④ 밀물과 썰물 차이가 크고 물살이 빨라 배를 대기 어려웠기 때문이다.

04 ★★★★☆

아이들이 고려와 몽골의 전쟁에 대해 이야기를 나누고 있어. 그런데 딱 한 아이가 엉뚱한 소리를 하고 있네. 그 아이의 번호는?

(   )

 ① 난 고려 백성들이 제일 불쌍한 것 같아. 전쟁 기간 동안 많은 백성들이 죽거나 다치고, 포로로 잡혀가기도 했잖아.

 ② 소중한 문화유산들이 없어지기도 했어. 신라 때 만들어진 경주의 황룡사 구층 목탑도 이 당시에 불타 버렸지.

 ③ 강화도에 있던 무신 정권도 고생했던 건 마찬가지야. 백성들에게 나눠 줄 식량을 마련하느라 고심했고, 목숨을 걸고 육지에서 몽골군과 맞서 싸웠지.

 ④ 근데 고려 태자가 쿠빌라이를 찾아간 게 참 신기해. 쿠빌라이보다 그의 동생인 아릭부케를 따르는 사람들이 더 많았잖아!

 ⑤ 그 덕분인지는 모르겠지만, 쿠빌라이는 아릭부케로부터 항복을 받아 내고 원나라를 세웠어. 그리고 고려를 독립된 나라로 인정해 주었지.

• 정답은 261쪽에서 확인하세요!

4교시

원나라의
간섭을 받다

전쟁이 끝나자, 몽골이 세운 원나라는 고려의 정치에 간섭하기 시작했어.
이 시기를 '원 간섭기'라고 하는데 약 80년 동안 지속되었지.
이 시기에 많은 원나라 문물이 들어와 고려에 영향을 주었어.
반대로 고려의 문물이 원나라에 영향을 주기도 했지.
원 간섭기 동안 고려와 원나라는 어떤 관계를 맺고 있었는지 알아보자.

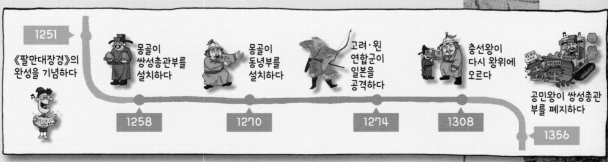

1251
《팔만대장경》의
완성을 기념하다

몽골이
쌍성총관부를
설치하다
1258

몽골이
동녕부를
설치하다
1270

고려·원
연합군이
일본을
공격하다
1274

충선왕이
다시 왕위에
오르다
1308

공민왕이 쌍성총관
부를 폐지하다
1356

〈몽고습래회사〉

✔ 알고 있는 용어에 체크해 보자!
- [ ] 쌍성총관부 [ ] 정동행성 [ ] 응방
- [ ] 공녀 [ ] 만권당 [ ] 몽골풍

"진짜 못 봐 주겠다."

나선애의 개념 사전

연지 곤지
뺨과 입술을 붉게
칠하는 화장품을
'연지'라 하고, 연지를
이마에 동그랗게
찍어 바르는 걸
'곤지'라고 해.

왕수재는 여자 한복을 곱게 차려입은 채 족두리까지 쓰고 있는 장하다를 어이없다는 듯이 바라보았다. 허영심은 연지 곤지도 찍어야 한다면서 빨간색 사인펜으로 장하다의 볼과 이마에 동그라미를 그려 넣었다. 그때, 교실 앞문이 드르륵 열리며 용선생이 들어왔다. 장하다는 기다렸다는 듯이 용선생을 향해 달려갔다.

"용선생니임!"

"으, 으악!"

콧소리를 내며 달려오는 장하다를 피하려던 용선생은 다리가 꼬여 그만 엉덩방아를 찧고 말았다. 그 모습을 본 아이들은 교실이 떠나가라 웃어 댔다.

"아이고, 엉덩이야. 장하다! 지금 뭐하는 거야?"

"이번 축제 때 제가 부채춤을 출 거거든요. 오늘 연습이 있어서 한복이랑 족두리 가져왔는데, 하 다가 입어 보고 싶다고 해서요."

허영심은 놀란 가슴을 진정시키고 있는 용선생에게 차근차근 설명했다. 장하다는 용선생을 바라보며 배시시 웃었다.

"제 미모에 딱 어울리지 않나요?"

여기저기서 웩 소리가 들렸지만 장하다는 아랑곳하지 않은 채 엉덩이를 살랑 살랑 흔들어 댔다. 결국 용선생도 웃음을 터뜨리고 말았다. 허영심은 모델은 별로지만 조상님들의 패션 감각은 최고였다며 엄지손가락을 치켜들었다. 곽두기도 족두리랑 연지 곤지가 너무 귀엽다며 맞장구를 쳤다. 별안간 용선생은 헛기침을 하더니 조심스럽게 입을 열었다.

"한복이 예쁘긴 하지. 그런데 얘들아, 한 가지 알려 줄 사실이 있어. 고려 시대 전기까지만 해도 족두리를 쓰거나 연지 곤지를 찍지 않았단다. 긴 전쟁 끝에 몽골과 강화를 맺은 뒤, 고려는 80여 년 동안 원나라의 간섭을 받았어. 이 시기를 '원 간섭기'라고 부르는데, 그때 몽골의 풍습이 많이 들어왔어. 족두리와 연지 곤지도 그중 하나야."

"네? 정말요?"

놀란 아이들이 웅성거리는 동안, 용선생은 교실 앞으로 나갔다.

원나라 황제의 사위가 된 충렬왕

"너희들, 최씨 정권이 무너진 뒤에 무신 정권과 왕실 사이에 힘겨루기가 이어졌다고 했던 것 기억하니?"

아이들은 기억을 되짚어 보는가 싶더니 하나둘 고개를 끄덕였다.

"그때 원종은 잠시나마 왕위에서 밀려난 적이 있었어. 무신들이 원종 대신 그의 동생을 왕으로 세운 거였지. 하지만 때마침 몽골에 가 있던 세자가 쿠빌라이를 찾아가 도움을 요청했고, 원종은 몽골의 도움을 받아 다시 왕위에 복귀할 수 있었어. 그 뒤 무신 정권은 완전히 무너져 내렸고, 몽골은 원나라로 거듭났지. 그렇지만 원종은 완전히 마음을 놓을 수 없었어. 왕실을 보호하고 고려의 안전을 지키기 위해서는 원나라와 더욱 긴밀한 관계를 맺어야 한다고 생각하고, 원나라에 사람을 보내 정식으로 청혼을 했어. 고려의 세자와 원나라 황실의 여인을 결혼시켜 원 황실

쿠빌라이(1215~1294) 중국식 칭호는 '세조'야. 칭기즈 칸의 손자로, 1271년 나라 이름을 '원(元)'으로 정했어. 1279년 남송을 멸망시키고 전 중국을 지배했어.

과 사돈이 되려 한 거야."

"고려 세자가……. 어? 그런데 지난 번에 원종이 원나라에 갔을 때는 태자라고 하지 않았나요? 원종 아들은 왜 태자가 아니라 세자 예요?"

곽두기가 고개를 갸웃거리며 물었다.

"이야~ 아주 예리한 질문인데! 고려가 원나라와 강화를 맺고 나서부터는 고려는 제후 나라의 용어들을 써야 했어. 예전처럼 고려의 임금을 황제라고도 하지 못했고, 황제 나라의 용어들, 예를 들어 황후, 태자, 조서 등은 모두 왕후, 세자, 교서로 바꿔 불러야 했

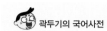

곽두기의 국어사전

조서와 교서
조서는 황제가
내리는 명령을 말해.
황제 아래의 제후가
내리는 명령은
교서라고 하지.

단다. 임금이 죽고 난 뒤에 붙이는 이름도 태조, 광종처럼 조나 종이 아니라 충렬왕, 충선왕처럼 '왕'자를 붙이게 됐지."

"그래서 세자로군요."

두기가 뭔가 아쉽다는 표정으로 대답했다.

"그래 그 세자가 원나라 황실의 여자와 결혼을 하게 된 거지."

"그럼, 원나라 공주가 고려의 왕비가 된 건가요?"

허영심이 어리둥절한 표정을 지었다.

"좀 낯설게 들리지? 쿠빌라이는 원종의 청혼을 받아들여 원나라에 와 있던 고려 세자를 자신의 친딸인 제국 대장 공주와 결혼시켰어."

"오, 그럼 고려 세자가 원나라 황제의 사위가 됐겠네요!"

왕수재는 이제 고려의 앞날은 술술 풀릴 테니 두고 보라며 큰소리를 쳤다.

"세자가 결혼식을 올린 지 한 달 만에 원종은 세상을 떠났고, 세자는 고려로 돌아와 왕위에 올랐어. 고려 25대 왕인 충렬왕이었지."

"어쩐지 고려 사람들은 원나라 여자가 왕비가 되는 걸 싫어했을 것 같은데……."

장하다가 떨떠름한 표정으로 말하자 용선생이 고개를 저었다.

"그렇진 않았어. 제국 대장 공주가 고려로 왔을 때 개경의 백성들은 '100년 동안의 난리가 끝나고 드디어 고려에 평화가 오는구나!'라고 기뻐했대. 무신 정권과 몽골과의 전쟁으로 극심한 고통을 겪었던 백성들은 이 결혼을 평화의 상징으로 여겼던 거지."

"하긴 백성들 입장에선 그럴 수도 있겠네요."

"실제로 원나라 내에서 고려 왕의 서열이 높아지기도 했어. 이제 충렬왕은 황제의 사위로서 황제의 아들들에 버금가는 지위를 얻게 되었지."

우쭐해진 왕수재가 자기 말이 맞지 않느냐며 아이들을 휘휘 둘러보았다.

"자, 그런데 이때부터 고려의 왕들은 모두 충렬왕과 같은 과정을 거쳐야만 했어. 일정 기간 동안 원나라에 머물면서 원의 문화와 관습을 익힌 뒤 원나라 공주와 결혼을 해야만 왕위에 오를 수 있었지. 그리고 왕들은 죽은 뒤에 원에 충성했다는 의미로 이름에 '충' 자가 붙게 되었어. 이러한 방식은 고려 30대 왕인 충정왕까지 계속 이어졌지. 상황이 이러니 고려 왕은 원의 눈치를 볼 수밖에 없었어. 원나라의 승인 없이는 왕이 될 수도 없었을 뿐더러 왕위에 올랐다 하더라도 원나라에 밉보이는 순간 왕위를 빼앗겼거든."

"뭐야, 황제의 사위가 됐다고 좋아할 게 아니었잖아?"

허영심의 말에 뜨끔해진 왕수재가 괜히 헛기침을 했다.

"원나라가 정복한 다른 지역에 비하면 황제의 사위 나라이기 때문에 '고려'라는 나라 이름도 남아 있고, 여러 가지 풍속도 유지할 수 있었지만, 그래도 이전과 같이 독립적으로 지내기는 힘들었지. 원은 고려의 일에 간섭하면서 일부 지역은 직접 다스리기도 했어. 고려는 이미 1258년에 철령 이북의 땅을, 그리고 1270년에 자비령 이북의 땅을 빼앗겼는데, 원나라는 그곳에

〈몽고습래회사〉 고려와 원나라 연합군이 일본으로 건너가 일본군과 싸우는 장면을 기록한 그림이야. 이 그림을 통해 고려군, 원나라군, 일본군의 갑옷, 무기, 선박 등의 모습을 구체적으로 알 수 있어.

각각 쌍성총관부와 동녕부라는 기구를 설치해서 직접 다스렸어. 그리고 제주도에도 탐라총관부를 설치한 다음 말을 기르는 목마장으로 이용했지. 당시 원나라는 총 14개의 목마장을 가지고 있었는데 그중의 하나가 바로 제주도였다고 해."

아이들의 얼굴이 서서히 일그러지기 시작했다.

"그런가 하면 쿠빌라이는 왜를 정벌하겠다며 고려에 군사와 무기, 식량 등을 요구했어. 그리고 원정을

〈공마봉진〉 조선 시대에 제주의 관리가 나라에 바치는 말을 최종적으로 확인하는 광경을 그린 그림이야. 원나라의 간섭을 받던 시절에도 제주도에는 목마장이 설치되어 많은 말들이 길러졌어.

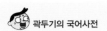
정동행성
(征東行省)
일본[東]을
정벌[征]하는
일을 하는[行]
기구[省]라는
뜻이야.

위해 고려에 '정동행성'이라는 기구까지 설치했지. 충렬왕은 쿠빌라이가 요구하는 대로 다 들어주었지만, 결국 왜를 정벌하는 일은 태풍 때문에 실패로 끝나고 말았어. 그 뒤 정동행성은 고려의 정치를 간섭하는 기구로 바뀌게 되었지."

"에이, 차라리 결혼하지 않는 편이 더 나았겠네!"

"그게 왜 결혼해서 그런 거냐! 전쟁에서 졌으니까 그런 거지. 그나마 결혼이라도 해서 고려라는 이름이 남아 있었던 거라고."

장하다가 머리에 쓴 족두리를 홱 벗으며 투덜대자, 왕수재도 질 수 없다는 듯이 맞받아쳤다.

"이 시기에 대한 전체적인 평가는 좀 미뤄두자꾸나. 어쨌든 원나라의 간섭은 정동행성의 설치로 끝난 게 아니었어. 원나라는 수시로 이런저런 요구를 해 왔고, 그때마다 고려는 울며 겨자 먹기로 그 요구를 들어줘야만 했어. 그중 하나가 바로 원나라에 공물을 바치는 일이었는데, 공물의 종류와 양이 워낙 많아 고려로서는 큰 부담일 수밖에 없었지."

원 간섭기의 고려 영토

원

여진

싼성총관부

동녕부

서경

화주

철령

자비령

o개경

고려

탐라총관부

탐라

 고려, 무리한 공물에 허리가 휘다

"도대체 뭘 달라고 했는데요?"

나선애가 턱을 치켜들며 물었다.

"주로 도자기와 가죽, 인삼, 금, 은, 옷감, 곡물 등이었지. 또 말과 매도 엄청나게 많이 요구했다고 해."

"아니, 동물은 왜 달래요?"

"원나라 사람들은 원래 유목민이었잖아. 그래서 말을 아주 소중히 여겼어. 금방 원나라가 제주도를 자기네 목마장으로 삼았다고 했지? 사실 제주도에서는 예전부터 말을 키우고 있었는데, 원나라 사람들이 자신들의 말도 들여와 더 많은 종류의 말을 키우도록 한 뒤 자기네 나라로 가져간 거야."

"그럼 매는요?"

"옛날에는 매를 이용해서 사냥을 하는 풍습이 있었어. 야생 매를 길들여서 꿩이나 토끼 같은 짐승을 잡는 거지. 매사냥은 세계 여러 지역에서 이루어졌는데, 원나라에서도 크게 유행했다고 해. 매 중에서도 사냥 능력이 뛰어난 해동청이라는 매가 인기였는데, 문제는 이 해동청이 고려에 많았다는 거야. 이 사실을 알게 된 원나라는 해동청을 바치라고 닦달하기 시작했고, 고려는 매를 잡고 기르는 일을 담당하는 '응방'이라는 관청까지 설치했지."

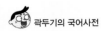

공녀(貢女)
바치는[貢]
여자[女]라는
뜻이야.

나선애의 긴 한숨 소리가 교실에 울려 퍼졌다.

"해마다 막대한 양의 공물을 보내는 바람에 고려의 재정 상태는
말이 아니었어. 자연히 백성들의 생활도 어려워졌지. 하지만 고려
사람들을 가장 힘들게 했던 요구는 따로 있었어. 바로 공녀를 보내
라는 거였어."

"공녀가 뭐예요?"

"원나라에서는 필요할 때마다 고려의 처녀들을 강제로 데려갔어.
여자를 바친다고 해서 '공녀'라고 해. 공녀로 끌려가면 원나라 군인
의 아내가 되거나 원 황실에서 궁녀로 일하게 되는 경우가 많았고,
간혹 지배층의 아내나 첩이 되기도 했어. 공녀는 신분에 상관없이
뽑혔기 때문에 원나라로 끌려간 처녀들 중에는 높은 관리의 딸들

도 있었대. 상황이 이러니 부모들은 열 살도 안 된 어린 딸을 서둘러 결혼시키기 시작했어. 여자아이들이 너무 일찍 결혼을 해서 공녀로 보낼 처녀를 구하는 일이 어려워지자 조정에서는 '금혼령'까지 내렸지. 그리고 열세 살부터 열다섯 살까지의 여자들이 결혼을 하려면 반드시 관청에 신고하도록 했어. 이 명령을 어기고 몰래 결혼했다 들키면 무시무시한 벌을 내렸지."

"말도 안 돼! 얼마나 끔찍했을까?"

"아니, 어떻게 사람을 잡아갈 수가 있지? 이런 게 바로 인신매매 아니야?"

여기저기서 분통을 터뜨리는 가운데, 용선생이 아이들의 눈치를 보며 다시 입을 열었다.

"그런데 말이야……. 간혹 자기 딸을 일부러 공녀로 보내는 부모도 있었대. 딸을 원나라의 높은 관리한테 시집보내서 그 덕을 보려는 거였지. 그뿐 아니라 남자들 중에는 스스로 원나라로 가겠다고

곽두기의 국어사전

금혼령
처녀들의 결혼을
금지하는 명령이야.

나서는 이들도 있었어. 원나라에서는 환관도 뽑아서 보내라고 요구했거든."

"네에?"

아이들의 입이 떡 벌어졌다.

"그래서, 진짜 원나라에 가서 출세라도 한 사람이 있었어요?"

나선애는 그럴 리가 있겠냐는 표정이었지만, 뜻밖에 용선생은 고개를 끄덕였다.

"응, 실제로 원나라 환관이 된 사람들 중에는 황제나 황후를 가까이서 모시면서 큰 권력을 얻고 고려에도 엄청난 영향력을 끼친 사람들이 있었어. 그리고 공녀 중에도 운이 좋으면 원나라의 귀족 집안이나 황실에 들어가 부귀영화를 누린 경우가 있었지. 가장 대표적인 사람이 바로 기황후야. 그녀는 원나라 황실의 궁녀가 되었다가 황제의 눈에 띄어 제2황후의 자리에까지 올랐지. 하지만 이런 경우는 매우 드물었어."

허영심은 가족과 생이별을 하고 먼 나라로 끌려갔을 어린 처녀들을 생각하니 마음이 아팠다. 장하다는 고려의 장군들이 원나라를 혼내 주지 않고 뭐하고 있는지 모르겠다며 툴툴거렸고, 나선애는 이게 다 왕이 원나라 눈치만 보고 있어서 그런 것 아니냐며 성을 냈다. 용선생은 아이들의 이야기를 들으며 천천히 고개를 끄덕였다.

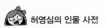

허영심의 인물 사전

기황후
공녀로 끌려갔다가 고려 출신 환관의 도움으로 원나라 황제에게 차를 올리는 궁녀가 되었어. 뛰어난 미모와 교양으로 황제의 총애를 받았어.

"그래. 80여 년 동안 고려는 원나라의 간섭과 요구 때문에 많은 어려움을 겪어야만 했어. 왕도 자주 바뀌는 바람에 조정이 혼란스럽기도 했고. 하지만 모든 왕들이 원나라에 쩔쩔맸던 건 아니야. 오히려 원나라에 진출해서 자신의 입지를 다졌던 왕도 있었지."

"진짜요? 그 사람이 누군데요?"

"고려의 26대 왕인 충선왕이었어."

아이들은 호기심 어린 눈으로 용선생의 얼굴을 빤히 쳐다보았다.

원나라에서 고려를 다스린 충선왕

"충렬왕과 제국 대장 공주 사이에서 태어난 충선왕은 어린 시절의 대부분을 원나라에서 보낸 탓에 몽골의 언어와 풍습에 익숙했던 사람이었어. 충선왕은 24세 때 아버지의 뒤를 이어 왕위에 올랐는데, 이때 여러 가지 개혁 정책을 내놓았어. 세금을 공평하게 거둘 것, 관리들이 횡포를 부리지 못하도록 할 것, 능력에 따라 인재를 등용할 것, 백성들의 생활이 나아지도록 농업과 상업을 발전시킬 것 등이었지. 하지만 충선왕은 왕위에 오른 지 1년도 못 되어 쫓겨나다시피 원나라로 돌아가게 돼."

"그건 왜죠?"

"원나라 공주인 자신의 왕비와 사이가 좋지 않았던 것이 문제였지. 충선왕이 원나라로 불려 가자 뒷전에 물러나 있던 아버지 충렬왕이 다시 왕위에 올랐고, 개혁은 흐지부지되었어. 하지만 그것으로 끝이 아니었어. 충선왕은 원나라의 무종이 황제의 자리에 오르는 데 큰 공을 세웠어. 그를 신임한 원 무종은 충선왕을 '심양왕'으로 임명해 심양 지역을 다스리도록 했고, 때마침 충렬왕이 세상을 떠나자 다시 고려의 왕위를 잇도록 했어."

"심양은 어딘데요?"

14세기 무역선이
싣고 간 것은?

참고 영상

"당시 요동 지역에 고려인들이 모여 사는 곳이 있었는데, 그곳을 심양이라 불렀어."

"어머, 그럼 충선왕은 왕관이 2개였다는 거네요?"

시름이 가득했던 허영심의 눈이 다시 반짝반짝 빛나기 시작하자

신안선에서 발견된 원나라 시대 도자기

1975년 전라남도 신안 앞바다에서 한 어부의 그물에 청자 몇 점이 걸려 올라왔어. 이로써 7백여 년 동안 바다 밑에서 잠자던 중국 무역선의 존재가 세상에 알려지게 되었지. 이 무역선은 원나라 시대인 1323년에 수만 점의 도자기와 공예품 등을 싣고 일본으로 가다가 풍랑을 만나 침몰한 것으로 보여. 아래의 도자기들은 무역선과 함께 발견되었는데, 대부분 중국 장시성과 저장성에서 제작되었어 .

청백자 봉황무늬
주전자

청백자 꽃 넝쿨무늬
납작 병

청자 구름무늬 육각모양 향로

청자 사각모양 향로

왕수재는 못 말리겠다며 혀를 끌끌 찼다.

"그런 셈이지. 고려로 돌아온 충선왕은 다시 개혁 정책을 펼치려 했어. 그런데 이번에도 문제가 생겼지. 다른 사람이 아닌 충선왕 자신이 문제였어. 그는 오랫동안 원나라에서 생활했던 탓에 고려 생활에 적응하지 못했어. 결국 충선왕은 가까운 왕실 어른에게 나랏일을 맡긴 뒤 다시 원나라로 돌아가 버렸지 뭐야."

"네? 그럼 왕이 또 바뀐 거예요?"

"아니, 충선왕은 원나라에서 고려를 다스렸어. 그러니 신하들은 개경에서 원나라를 오가며 충선왕에게 나랏일을 보고하고 그의 명령을 고려 왕실에 전달해야만 했는데, 여기에 드는 시간과 비용이 만만치 않았어. 어떤 일을 결정하는 데 워낙 오랜 시간이 걸리다 보니 충선왕의 개혁은 제대로 이루어지지 않았고, 보다 못한 신하들은 왕에게 제발 고려로 돌아와 달라고 간청했어. 고민하던 충선왕은 고려로 돌아오는 대신, 아들에게 왕위를 물려주기로 결심했지."

당연히 고려로 돌아올 것이라 예상했던 아이들은 왕이라는 지위도 포기한 채 원나라에 머물고자 했던 충선왕의 행동에 적잖이 충격을 받았다.

"대체 왜 그렇게 원나라에서 살고 싶어 했을까요?"

"아마도 충선왕은 고려의 왕으로서 고려 땅에서만 지내야 한다는 것이 갑갑하게 느껴졌던 것 같아. 워낙에 몽골 제국은 다른 나라의 문화와 풍습에 상당히 너그러운 편이었는데, 이러한 정책은 원나라가 세워진 이후에도 이어지고 있었어. 덕분에 원나라에는 다양한 문화가 공존할 수 있었지. 특히 원나라의 수도였던 대도는 전 세계의 문물이 모여드는 세련되고 국제적인 도시였어. 충선왕은 바로 그곳에서 어린 시절과 청년 시절의 대부분을 보낸 사람이었고."

"음…… 그런 환경에서 자란 사람이라면 고려 왕궁이 답답하게 느껴졌을 수도 있겠네요."

나선애의 말에 다른 아이들도 고개를 끄덕였다.

"그럼 충선왕은 죽을 때까지 원나라에 머물렀던 거예요?"

"응, 고려 역사를 통틀어서 충선왕만큼 오랫동안 다른 나라에 머

이제현의
〈기마도강도〉
충선왕을 따라 원나라 수도에서 활동했던 고려 학자 이제현이 그린 것으로 추정하고 있어. 몽골 사람들이 즐겨 입던 옷(호복)을 입은 사람들이 말을 타고 얼어붙은 강을 건너는 광경을 그렸어.

물렀던 왕은 없었어. 이로 인해 고려 조정이 불안정해진 것은 사실이지만, 긍정적인 면도 있었어. 충선왕은 원나라 황제와 무척 가깝게 지냈기 때문에 원나라에서도 꽤 큰 힘을 갖고 있었거든. 충선왕의 힘이 커질수록 원나라의 간섭과 요구가 많이 줄어들었을 뿐만 아니라 고려와 원나라의 교류도 더 활발해질 수 있었지."

"그거 반가운 소리네요!"

장하다가 모처럼 밝은 표정을 지었다.

 ## 고려와 원나라의 활발한 교류

"대도에 머물면서 수많은 책을 수집한 충선왕은 자신의 집에 '만권당'을 세웠어. '만 권의 책이 있는 집'이라는 뜻의 만권당은 일종

안향(1243~1306) 원나라의 수도에 머물 때 '주자'의 책을 처음 접했어. 주자는 송나라 때 사람으로 유학의 한 종류인 성리학을 완성했어. 안향은 성리학을 고려에 처음으로 들여온 사람이야.

이제현(1287~1367) 원나라의 만권당에서 조맹부 등과 교류하며 고려에 새로운 학문과 사상을 소개하고, 성리학을 전파·발전시키는 데 중요한 역할을 했어. 《익재난고》, 《역옹패설》 등을 남겼어.

고려인 라마단 묘지명 중국 광저우에서
발견된 고려인의 묘지명이야. 무덤 주인의 이름은
라마단. 묘지명에 따르면 라마단은 이슬람교를
믿었고, 원나라의 다루가치를 지냈어. 고려인도
이슬람교를 믿고, 원나라에서 벼슬을 했다는
사실을 알 수 있어.

의 개인 도서관이자 연구소였지. 충선왕은 원나라
최고의 학자들을 초대해 그들과 토론을 벌이는가 하
면 백이정, 이제현과 같은 고려의 뛰어난 학자들을
불러 원나라 학자들과 교류하도록 했어. 젊은 유학
자였던 이제현은 이러한 교류를 발판으로 고려 최
고의 학자로 성장할 수 있었다고 해. 당시 원나라의
성리학이 고려로 들어올 수 있었던 것도 바로 만권
당을 드나들었던 학자들 덕분이었어."

왕수재는 무슨 국제 교류 센터였던 것 같다며 신
기해했다.

"충선왕은 원나라 황제에게 과거 제도를 통해 인
재를 뽑아야 한다고 건의하기도 했어. 그의 건의가
받아들여져 1314년부터는 원나라에서도 과거 시험
이 실시되었지. 원나라에서는 외국인도 능력만 있으
면 관리가 될 수 있었기 때문에 여러 나라 사람들이 과거 시험을 보
기 위해 몰려들었어. 그중엔 물론 고려 사람들도 있었지. 하지만 과
거에 합격하기란 하늘의 별 따기와 같았어. 지원하는 사람은 헤아릴
수 없을 정도로 많은데 정원은 고작 50~100명밖에 되지 않았거든."

"혹시 고려인 중에도 합격한 사람이 있었어요?"

"그럼! 안축, 최해, 이곡, 안보, 이색 등 총 10여 명의 고려인들이

당당히 합격자 명단에 이름을 올렸어. 워낙 통과하기 어려운 시험이었던 탓에 고려인이 과거에 합격했다는 소식은 고려 전체를 들썩이게 만들었지."

"원나라에 간 사람들이 공녀나 환관만 있던 게 아니네요?"

곽두기가 큰 눈을 깜박거렸다.

"그래, 원나라 수도에는 많은 수의 고려 사람들이 살고 있었는데, 억지로 끌려갔던 사람들도 있지만, 장사나 출세를 위해서, 아니면 다른 정치적인 이유로 원나라에 머무르는 사람들도 많았어. 원 간섭기는 우리 역사에서 전례를 찾기 힘들 정도로 외국과 교류가 많았던 시절이지. 그래서 이런 사건도 있었단다. 충선왕은 나중에 원나라 황실의 정치적 사건에 휘말려 유배를 떠나게 되었어. 그런데 아주 멀리 유배를 갔단다."

"어디요? 멀리 갔으면 제주도?"

"아니. 너희들 티베트가 어딘지 아니?"

"티베트면 인도 북쪽에 있는 곳 아닌가요?"

"맞아, 잘 알고 있구나."

"헤헤, 삼촌이 인도나 중국 출장을 많이 가셔서 얘기를 해주셨거든요. 근데 충선왕이 거기까

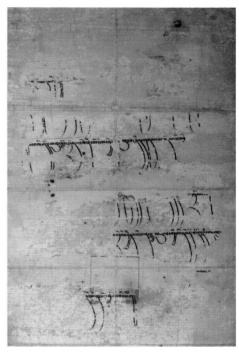

순천 송광사 티베트문 법지 고려 송광사의 스님인 원감 국사 충지가 원나라를 방문하고 돌아올 때 원나라 황제 쿠빌라이로부터 받은 문서야. 고려와 원나라의 교류를 잘 보여 주는 고문서지. 가로 77.1cm, 송광사 소장. 보물.

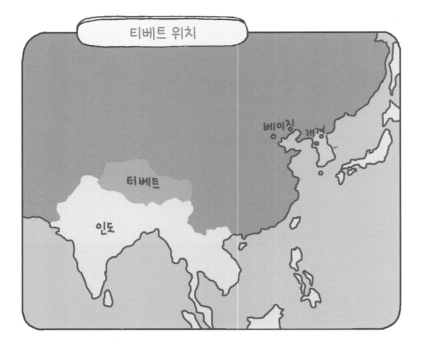
티베트 위치

벙이징   개경

티베트

인도

지 간 거예요?"

"그래, 유배지까지 가는 데만도 몇 달이나 걸렸다는구나. 원나라 황실에서는 고려의 왕이지만 원나라의 신하로 생각했던 거야. 당시 사람들은 원나라와 고려를 마치 하나의 나라처럼 생각할 때도 있었어. 그러면서도 '고려'라고 하는 나라 이름을 그대로 쓰면서 고려 고유의 풍습도 유지하는 서로 다른 두 개의 나라였고. 원나라에서 고려 임금을 바꾸기까지도 하지만, 고려 임금이 원나라 황제 즉위에 간여하기도 한 복잡한 시대라고 할 수 있지."

"이런 이야기는 처음 듣는 것 같아요. 하나인 것도 같고 서로 다른 두 개인 것도 같고."

"그래 확실히 우리 역사 전체에서 원 간섭기는 특이한 점이 많았던 시기라고 할 수 있겠구나."

용선생은 계속 이야기를 이어갔다.

"고려의 왕과 신하들, 외교관, 학자, 상인, 스님 등 다양한 계층의 사람들이 원나라에 갔고, 그들 중 일부는 아예 원나라에 정착해서 살기도 했어. 그러니 자연스럽게 원나라에서 사용되는 몽골어를 배우려는 사람들이 많아졌지. 몽골어를 가르치는 사설 학당도 생겨났는데, 잘사는 사람들은 아예 원나라 사람을 데려다 가정 교사로 삼는 경우도 있었다고 해."

《몽어노걸대》 조선 시대에 만들어진 몽골어 학습 교재야. 중국어 학습 교재인 《노걸대》를 몽골어로 번역하고 우리말로 음을 달아 풀이했어. 우리 상인이 중국으로 들어가 물건을 팔고 다시 중국 물건을 사 오는 과정을 담고 있어.

"호, 그렇게까지요? 하긴 요즘이랑 별로 다를 것도 없네."

"원나라의 영향력이 커질수록 원나라 말을 할 줄 아는 것이 출세의 지름길로 통하게 됐거든. 여기엔 문벌도, 출신 지역이나 신분도 상관이 없었어. 실제로 이 시기에는 몽골어를 잘해서 크게 출세한 사람들이 꽤 있었는데, 가장 대표적인 사람이 조인규야. 시골의 별 볼 일 없는 집안 출신이었던 그는 몽골어 공부에 매달린 끝에 통역관이 되었어. 실력이 뛰어나서 원나라에 사신으로 간 것만 30번이나 되었다지. 덕분에 조인규의 집안은 점차 번성하게 되었고, 그의 딸이 충선왕과 결혼해 왕비가 되었어. 조인규 자신은 재상의 자리에까지 올랐지."

"히야, 몽골어 하나로 인생 역전이네!"

장하다의 말에 왕수재는 외국어 공부가 그래서 중요하다며 토를 달았다.

"원나라와 고려 사이에 오가는 사람들이 많아지면서 자연스럽게 두 나라의 풍습도 전해졌어. 원나라에서는 고려의 옷이며 음식, 물건들이 널리 유행했고, 음악과 무용도 전해졌지. 고려 여자와 결혼한 남자들 중에는 자기 부인을 위해 집을 아예 고려식으로 꾸민 사람들도 있었어. 이렇게 원나라에 전해진 고려풍의 생활 양식을 '고려양'이라고 해. 반대로 고려에서도 원나라의 옷이며 장신구, 머리 모양 등이 유행을 했는데, 이걸 '몽골풍'이라고 불러."

"아, 아까 말씀하신 족두리 같은 거요?"

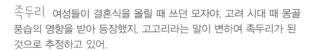

족두리 여성들이 결혼식을 올릴 때 쓰던 모자야. 고려 시대 때 몽골 풍습의 영향을 받아 등장했지. 고고리라는 말이 변하여 족두리가 된 것으로 추정하고 있어.

나선애가 장하다의 책상 위에 놓인 족두리를 가리켰다.

"맞아, 원래 족두리는 원나라 여자들이 외출할 때 쓰는 '고고리'라는 모자였는데, 고려에 들어온 뒤 결혼식 때 쓰는 모자가 됐지. 그리고 남자들 중에는 '겁구아'라는 몽골식 머리 모양을 따라 하는 사람도 있었어. 정수리에서 이마까지는 머리카락을 완전히 깎고 남은 머리카락을 땋는 형태지. 원나라에 갔던 충렬왕이 이런 머리 모양으로 돌아와 백성들과 신하들을 깜짝 놀래킨 적이 있었어. 하지만 왕이 그런 머리를 하자, 그 이후부터는 고려에서도 몽골식 머리를 하는 사람들이 많아졌지."

용선생은 아이들에게 겁구아 머리를 한 사람들의 그림을 보여 주었다. 허영심은 아무리 왕의 명령이라도 저런 머리를 하고 돌아다닐 수는 없다며 손사래를 쳤다.

"말에도 원나라의 영향을 받은 것이 꽤 남아 있어. 예를 들면, 왕과 왕비를 부를 때 '마마'라고 하고 임금이 먹는 음식은 '수라'라고 하잖아. 궁궐에서 청소 일을 하는 여성을 '무수리'라고 부

겁구아를 한 남성들 몽골족을 비롯한 유목민 남자들은 머리 앞부분을 깎고 뒷부분은 땋아 늘어트렸어. 한자로는 '변발'이라고 부르기도 해. 우리나라에서도 겁구아를 하는 풍습이 충렬왕 때부터 공민왕 때까지 유행했어.

곽두기의 국어사전

마마
임금님과 임금님 가족을 부르는 말 뒤에 붙여 존경을 표시했던 말이야. 예를 들면 임금님을 '상감마마'라 불렀지.

르고. 이런 단어들은 원래 원나라에서 쓰던 궁중 용어였어. 그리고 '마누라'라는 단어도 원나라에서 세자와 세자빈을 가리키는 말이었던 것이 우리나라에 전해진 뒤에는 부인을 뜻하는 의미가 됐지."

"왜 하필 궁중 용어가 들어왔어요?"

"고려로 시집온 원나라 공주들 때문이었어. 처음에는 원나라 공주가 머무는 공간에서만 사용했지만, 점차 널리 퍼져 나가게 된 거야. 그리고 '벼슬아치'나 '장사치'와 같은 단어를 보면 끝에 '치'가 붙잖아. 이 '치'는 원나라 관리인 '다루가치'에서 보이듯이 직업이나 임무를 뜻하는 몽골어에서 비롯된 말이야."

"난 한자어가 아니라서 순우리말인 줄 알았는데……."

아이들은 사극에서 많이 듣던 단어들이 먼 옛날 원나라에서 전해진 것이라는 사실이 놀라웠다.

"고려는 원나라를 통해서 당시 세계 최고 수준으로 꼽히던 이슬람의 과학 기술도 받아들였는데, 이는 훗날 조선의 과학 기술을 발전시킨 밑거름이 되었어. 뿐만 아니라 원나라와 교류가 늘면서 몽골인, 위구르인, 탕구트인, 이슬람인 등 많은 외국인들이 고려로 들어왔어. 이들 중 일부는 고려에서 높은 벼슬을 하기도 했고, 아예 고려인으로 귀화하기도 했지. 이들과의 접촉은 고려인들의 세계관을 넓혀 주기도 했어."

"캬~ 참 재밌는 시기였군요."

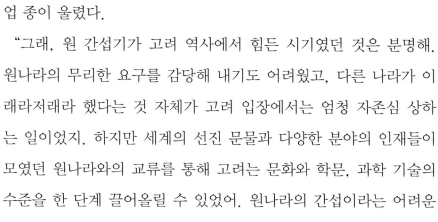

"전쟁에서 져서 나랏일에 간섭을 받게 됐으니 나쁜 일만 생길 줄 알았는데……."

"그러게 말이야. 나쁜 일도 많았지만 얻은 것도 있네."

아이들이 재잘거리기 시작하는데, 마침 수업 종이 울렸다.

"그래, 원 간섭기가 고려 역사에서 힘든 시기였던 것은 분명해. 원나라의 무리한 요구를 감당해 내기도 어려웠고, 다른 나라가 이래라저래라 했다는 것 자체가 고려 입장에서는 엄청 자존심 상하는 일이었지. 하지만 세계의 선진 문물과 다양한 분야의 인재들이 모였던 원나라와의 교류를 통해 고려는 문화와 학문, 과학 기술의 수준을 한 단계 끌어올릴 수 있었어. 원나라의 간섭이라는 어려운 상황을 견뎌내며, 새로운 것을 받아들여 우리 문화를 발전시키려 했던 고려 사람들의 노력을 잊어서는 안 되겠지? 자, 오늘은 여기서 수업 끝이다."

아이들이 서둘러 가방을 챙기기 시작했다. 그때 어디선가 '찌지직' 하는 소리가 들렸다.

청자 상감 원숭이무늬 항아리 개성 만월대에서 출토된 청자야. 주둥이와 상부는 파손되어 완전한 상태는 아니지. 앞뒤가 편평한 형태, 꽃 모양, 금 장식 등은 모두 고려청자가 원나라 공예품의 영향을 받았던 사실을 보여 주고 있어. 높이 25.5cm, 국립중앙박물관 소장.

"어? 난 몰라! 내 한복!"

장하다가 서두르는 바람에 한복 치마가 책상에 걸려 찢어진 것이었다. 당황한 장하다는 찢어진 치맛자락과 하얗게 질린 영심의 얼굴을 번갈아 쳐다보더니, 이내 가방을 둘러메고 뛰기 시작했다.

"미안! 내가 꿰매다 줄게!"

"야! 너 거기 안 서?"

치맛자락을 움켜쥔 채 도망치는 장하다와 허둥지둥 그 뒤를 좇는 허영심, 이 둘을 보며 키득거리는 아이들 소리로 교실은 순식간에 시끌시끌해졌다.

나선애의 정리노트

1. 원나라의 간섭

① 정치적 간섭
- 원나라에서 고려 왕을 교체하기도 함
- 고려 왕들의 이름 앞에 '충' 자를 붙임
- 고려 왕비는 원나라 황실 출신
- '정동행성'이 고려 정치를 간섭하는 기관으로 변함

② 고려 영토의 일부를 지배
- 철령 이북의 땅 → 쌍성총관부 설치
- 자비령 이북의 땅 → 동녕부 설치
- 제주도 → 탐라총관부 설치

③ 각종 공물 요구
- 특산품, 말, 매 등
- 공녀, 환관

2. 고려와 원나라의 교류
- 충선왕이 만든 '만권당'에서 고려와 원의 학자들이 교류(성리학!)
- 충선왕의 건의로 원나라에서 과거 시험 실시
- 고려인들이 원나라에 정착 & 외국인들이 고려에 정착
- 고려양과 몽골풍(족두리, 겁구아 등) 유행
- 이슬람의 과학 기술이 전해지고 고려인의 세계관이 넓어짐

용선생의 역사 카페

역사계의 슈퍼스타,
용선생의 역사 카페에
오신 걸 환영합니다

Log in

게시판 ⌄

📄 역사가 제일 쉬웠어용!
📄 이제는 더~ 말할 수 있다!
📄 필독! 용선생의 매력 탐구
📄 전교 1등 나선애의 비밀 노트

고려·원나라 연합군의 일본 원정

1274년 10월, 3만 9천여 명의 고려·원나라 연합군은 고려에서 출발해 일본의 후쿠오카항에 도착했어. 일본은 해안가에 30킬로미터에 달하는 방어선을 구축해 놓은 상태였지만, 연합군의 집단 전법과 신무기 앞에서는 소용없었어. 연합군은 일본의 방어선을 무너뜨리고 후쿠오카 중심부까지 진출했어.

고려 장군들은 '여세를 몰아 진을 치고 계속 싸워야 한다'고 주장했어. 하지만 총사령관인 원나라 장수 흔도는 그 말을 듣지 않고 군대를 배로 철수시켰지. 병사들의 수가 적에 비해 적은 데다가, 이틀 동안 힘들게 싸워서 병사들이 피곤해한다는 이유였어.

그런데 이날 밤, 큰 태풍이 불어닥쳐 연합군의 배가 대부분 부서져 버리고 말았어. 이렇게 첫 원정은 실패로 돌아갔어. 일본에서는 이 태풍을 신이 보내 준 바람이라는 뜻의 '가미카제'라고 불렀어.

하지만 쿠빌라이는 포기하지 않았어. 고려에 '정동행성'이라는 기구를 설치하고 일본 원정을 다시 추진하기 시작했지. 이번에는 중국 강남 지방의 수군도 동원하기로 했어.

1281년 6월, 고려·원나라 연합군이 일본으로 진격해서 싸우기 시작했어. 그런데 강남 수군이 상륙하기도 전에 또 태풍이 일었어! 고려의 배는 태풍을 견뎌 냈지만, 강남의 배들은 허무하게 부서졌어. 원나라가 하도 배를 빨리 만들라고 독촉하니까, 급히 대충 만들었기 때문이지. 이때 물에 빠져 죽은 강남 수군의 시체로 항구가 막힐 정도였다고 해. 그렇게 2차 원정 또한 실패했어.

두 차례에 걸친 원정으로 고려는 큰 피해를 입었어. 때문에 고려는 몇 차례나 일본 정벌 계획을 중지해 줄 것을 요청했지만, 쿠빌라이는 들어주지 않았어. 그런데 쿠빌라이가 1294년에 죽자, 고려의 간곡한 요청에 따라 일본 정벌은 중지됐어.

한편 일본인들은 고려·원나라 연합군의 침입에 큰 충격을 받았어. 몽골을 뜻하는 '무쿠리'와 고려를 뜻하는 '고쿠리'라는 단어가 '공포'의 뜻으로 사용될 정도였지. 또한 고려·원나라 연합군을 막아 내느라 너무 많은 힘을 써 버린 탓에 일본의 무사 정권(가마쿠라 막부)이 붕괴되어 버렸어. 나라가 혼란스러워지자, 몇몇 일본인들은 왜구로 변신하여 고려 해안을 침범하게 돼.

COMMENTS

장하다 : 으윽, 역시 전쟁은 나쁜 거예요. 오늘의 교훈은 '전쟁을 하지 말자!'

↳ 용선생 : 하나 더 있어. '아무리 급해도 부실 공사는 하지 말자!'

한국사 퀴즈 달인을 찾아라!

01 ★☆☆☆☆

원 간섭기 때 왕위에 오른 고려 왕들을 정리한 표야. 빈칸에 공통적으로 들어갈 단어는 무엇일까? (   )

25대	26대	27대	28대	29대	30대
○렬왕	○선왕	○숙왕	○혜왕	○목왕	○정왕

① 총   ② 충   ③ 청   ④ 창

02 ★★★☆☆

아이들이 충선왕에 대해 이야기를 나누고 있어. 그런데 딱 한 아이가 딴소리를 하고 있네. 그 아이의 번호는? (   )

 ① 충선왕은 고려의 왕이기도 하지만, 원나라 황제의 외손자이기도 해.

 ② 여러 가지 개혁 정책을 펼쳤다고 해.

 ③ 원나라에 머물면서 원나라 문화와 관습을 익히라는 황제의 명령을 따르지 않았어.

 ④ 만권당을 세워 학문의 발전에 힘썼어.

 ⑤ 만권당을 드나들던 학자들이 고려에 성리학을 들여왔다고 해.

03 ★★★☆☆

왕수재는 '원나라 때 들어온 말'이라는 주제로 글을 쓰려고 해. 그렇다면 다음 중 원나라에서 우리나라로 전해진 단어가 아닌 것은 무엇일까? 딱 두 개의 단어에 살짝 동그라미를 쳐 주자!

수학	무수리	수라
마누라	마마	마차

04 ★★★☆☆

나선애가 설명하는 때에 볼 수 있었던 모습으로 옳지 않은 것은 무엇일까? (   )

> 나선애 : 고려는 몽골과 강화를 맺은 뒤, 80여 년 동안 원나라의 간섭을 받았어.

① 몽골식 머리를 금지시키는 왕

② 고려의 왕비가 된 원나라의 공주

③ 제후나라의 용어를 쓰는 고려의 왕

④ 원나라에 바칠 고려의 처녀를 끌고 가는 관리

05 ★★★★★

원나라는 고려를 직접 다스리지는 않았지만, 고려 영토의 일부를 지배하기 위해 기구들을 설치했다고 했지? 그 기구들의 이름이 무엇인지, 어디에 있었는지 골라 줄래? (   )

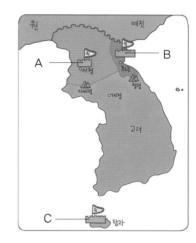

① A – 동녕부, B – 쌍성총관부,
  C – 탐라총관부
② A – 정동행성, B – 동녕부,
  C – 탐라총관부
③ A – 동녕부, B – 안동도호부,
  C – 쌍성총관부

• 정답은 261쪽에서 확인하세요!

5교시

시련 속에서
꽃핀 문화

30여 년 동안 몽골과 전쟁을 치르면서 많은 것들이 불타고 없어졌어.
전쟁 이후에는 원 간섭기가 시작되었지. 고려 사람들은 이렇게 힘든 상황 속에서도
《팔만대장경》과 같은 훌륭한 문화유산을 만들어 냈어.
오늘은 고려 사람들이 만들어 낸 훌륭한 문화유산들을 알아보자.

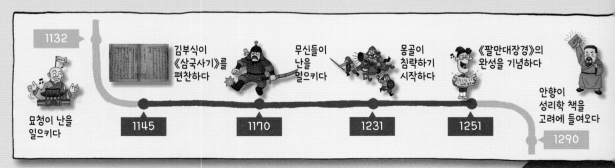

1132

묘청이 난을
일으키다

1145
김부식이
《삼국사기》를
편찬하다

1170
무신들이
난을
일으키다

1231
몽골이
침략하기
시작하다

1251
《팔만대장경》의
완성을 기념하다

안향이
성리학 책을
고려에 들여오다
1290

〈수월관음도〉

알고 있는 용어에 체크해 보자!
- [ ] 《팔만대장경》
- [ ] 금속 활자
- [ ] 《삼국사기》
- [ ] 《삼국유사》
- [ ] 고려청자

"역시 사람은 자연 속에서 살아야 해."

용선생은 숲 속의 공기를 모조리 마셔 버리겠다며 입을 크게 벌리고 심호흡을 했다. 그러자 장난기가 발동한 장하다가 깜짝 놀란 표정을 지으며 소리를 질렀다.

"으악! 선생님 입에 벌레 들어갔어요!"

"뭐? 에퉤퉤!"

당황한 용선생이 있지도 않은 벌레를 뱉어 내려고 하자 아이들은 깔깔대고 웃었다.

"예전에 신라 시대 배울 때도 해인사에 왔었는데……. 그때 봤던 탑 이름이 뭐였지?"

허영심의 갑작스러운 질문에 왕수재는 기억을 더듬었다.

"묘…… 어쩌구 탑이었는데…….."

어느새 끼어든 용선생이 '묘길상탑'이라고 대답하자 왕수재는 그제야 생각이 나는지 손가락을 탁 튕겼다.

"묘길상탑은 해인사 앞에 있었지만, 지금 보러 가는 재조대장경은 해인사 안에 있는 장경판전에 보관되어 있어. 고려가 몽골과의 전쟁이 한창이던 어려운 상황 속에서 만들어 낸 귀중한 문화유산이야. 8만여 장의 목판에 만들어졌기 때문에 흔히 팔만대장경이라고도 하지."

어느덧 푸른 이끼가 낀 비석들이 줄지어 서 있는 곳에 도착했다.

용선생과 아이들은 잠시 서서 비석들과 묘길상탑을 바라보았다.

"너희들을 데리고 이곳에 왔을 때가 엊그제 같은데, 벌써 고려 시대를 배우고 있구나……."

지난날을 떠올리던 아이들의 얼굴에는 왠지 모를 뿌듯함이 묻어났다. 잠시 뒤 용선생과 아이들은 일주문을 향해 우르르 몰려갔다.

팔만대장경, 불교의 힘으로 나라를 구하자!

"고려는 몽골의 침입을 받기 이전에도 대장경을 만들었었어. 바로 거란과 전쟁을 하고 있을 때였지."

"큰 전쟁이 있을 때마다 만들었네요. 어, 근데 대장경이 뭐예요?"

"대장경에는 불교의 모든 것이 담겨 있다고 보면 돼. 부처의 말씀

곽두기의 국어사전

장경판전
대장경 목판을
보관하는 건물이야.

《초조본 대보적경 권59》 고려 최초의 대장경인 초조대장경의 일부야. 대장경은 경장, 율장, 논장을 함께 부르는 말로, 일종의 불교 전집이라 할 수 있어. 세로 30cm, 가로 47cm의 종이 23장을 이어 붙인 거야. 국립중앙박물관 소장. 국보.

을 모은 '경장', 불교도들이 지켜야 할 규율을 담은 '율장', 경전들을 연구해서 쓴 책인 '논장'을 합쳐서 대장경이라고 부르지."

"그럼 불교의 백과사전 같은 거네요?"

"그렇게 볼 수 있겠구나. 그런 대장경을 만든다는 것은 그 나라의 힘과 문화적 수준을 보여 주는 상징과도 같았지. 당시 불교는 동아시아 공통의 학문이면서 당대 최고의 철학이었거든. 처음 대장경을 만든 나라는 송이었어. 고려는 송나라의 대장경을 들여와, 그것을 기본으로 고려판 대장경을 완성했지. 이 대장경을 지금은 초조대장경이라고 불러. '처음 만든 대장경'이라는 뜻이지. 당시 임금이었던 현종은 부처의 힘으로 거란을 물리치게 해 달라는 기원을 담아 대장경을 만들도록 했대. 이후로 초조대장경은 고려의 자랑거리가 됐지. 하지만 1232년에 몽골군이 쳐들어왔을 때 불타 버리고 말았어. 몽골군이 초조대장경이 보관되어 있던 부인사에 불을 질렀거든. 초조대장경의 일부는 인쇄된 책으로 현재도 남아 있지만, 글자를 새긴 나무판은 모두 불타 버렸지. 그래서 새로 대장경을 새기기로 한 거야."

"그게 팔만대장경인 거예요?"

"그걸 몽골과의 전쟁 중에 만들었다는 거죠?"

아이들의 질문에 용선생의 목소리도 신이 났다.

"그래, 팔만대장경이 만들어지기 시작한 건 고종 때인 1236년이었어. 당시 몽골이 침입해 오자 강화도로 수도를 옮긴 최씨 정권이 앞장섰던 일이었는데, 완성되기까지 총 16년이라는 시간이 걸렸지. 초조대장경이 거란을 물리치려는 의지를 담고 있었다면 새 대장경에는 어서 몽골군이 물러가고 전쟁이 끝나기를 바라는 소망이 담겨 있었어."

"얼마나 전쟁 때문에 힘겨웠으면……."

나선애가 몽골과의 전쟁 이야기들을 떠올리며 중얼거렸다.

"그래, 전쟁 중에 8만여 개나 되는 목판을 일일이 다듬고 또 글자를 새긴다는 게 보통 일은 아니었을 거야. 하지만 고려 사람들은 온 정성을 다해 해냈어. 백성들이 몽골에 항복하지 않고 끝까지 저

팔만대장경
해인사 장경판전에
팔만대장경판이 보관되어
있어. 고려 사람들은
부처님의 보호를
받아 몽골군의 침입을
이겨 내길 기원하며
정성스럽게 팔만대장경
목판 하나하나를
만들었지. 국보.

항하기를 바랐던 최씨 정권은 자기네 집안 재산을 털어 가며 대장
경 만드는 일을 뒷받침했고. 이렇게 해서 1251년에 새로운 대장경,
즉 팔만대장경이 완성되었지!"

용선생과 아이들은 어느덧 장경판전 앞에 도착했다. 화려한 건물
을 기대했던 아이들은 수수하고 단정한 모습에 놀란 눈치였다.

"이 건물 안에 팔만대장경이 있다는 거예요?"

용선생이 고개를 끄덕이자 아이들은 조심스레 내부를 들여다보았
다. 줄지어 늘어선 나무 선반마다 목판이 빽빽이 꽂혀 있는 모습은
마치 도서관을 연상시켰다.

"이 목판들은 현재까지 남아 있는 목판 대장경 중에서 가장 오래
된 거야."

"완전 보물이네! 근데 이렇게 허술한 건물에다 놔둬도 되는 거예요?"

건물 내부를 훑어보던 허영심이 걱정했다.

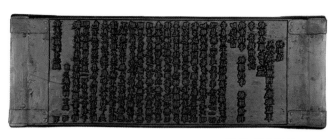

팔만대장경판
양면으로 글자가 새겨져 있어. 나무가 뒤틀리는 것을 막으려 귀퉁이를 구리판으로 마감했어. 너비 70cm 내외, 높이 24cm 내외. 국보.

"모르시는 말씀! 언뜻 보기엔 그냥 평범한 옛날 건물 같지만, 사실 이 장경판전은 굉장히 과학적으로 만들어졌어. 습도를 자연적으로 조절하기 위해 안쪽 흙바닥 속에 숯과 횟가루, 소금 등을 넣었고, 창문의 크기를 다르게 만들어서 바람이 잘 통하도록 했지. 덕분에 760년이 넘는 세월 동안 팔만대장경은 썩지도 않고 뒤틀리지도 않은 채 잘 보존될 수 있었어."

팔만대장경 제작 과정

1. 나무가 뒤틀리는 걸 막기 위해 바닷물에 1~2년 담갔다가 경판 크기로 자른 뒤 소금물에 삶았어. 약 1년 동안 건조시켰다가 원고를 경판에 붙인 후 글자를 새겼지. 한 글자를 새길 때마다 한 번씩 절을 했어.

아이고 허리가 먼저 나가겠네…

2. 글자를 잘못 새기면 수년에 걸쳐 제작한 경판을 버려야 했으므로 온 정성을 다해 새겼어. 전문 기술자가 경판 한 면을 새기는 데 5일 정도 걸렸을 것으로 추정해.

아니야, 형. 눈이 먼저 나가겠엉!

3. 경판에 글자를 모두 새기면 한 장씩 찍어 원고와 대조했어. 틀린 부분이 없을 경우, 경판 양쪽에 두꺼운 각목을 붙이고 네 귀퉁이를 구리판으로 장식했지. 또 옻칠을 해서 오래 보관할 수 있도록 했지.

캬! 내 얼굴 만큼 완벽해!

제작: 왕수재

놀란 아이들은 새삼스런 눈길로 장경판전을 살펴보았다. 용선생은 팔만대장경판은 유네스코 세계 기록 유산으로, 그리고 장경판전은 유네스코 세계 문화유산으로 지정됐다는 말도 덧붙였다.

"물론 위기도 있었어. 우리나라는 전쟁이 많았었잖니. 특히 6·25전쟁 때는 이런 일도 있었단다. 전쟁이 진행되고 있던 1951년 8월 어느 날, 공군 대령 김영환은 수백 명의 적군이 해인사로 몰려들고 있으니 해인사를 폭격하라는 명령을 받았지. 하지만 김영환은 그 명령을 따르지 않기로 했어. 적군 수백 명을 살려 보낼지언정 소중한 문화유산인 해인사와 팔만대장경을 잿더미로 만들 수는 없다고 생각했거든. 그러자 미군과 국군의 상관이 엄청 화를 냈지만, 김영환은 왜 해인사를 폭격하면 안 되는지 조목조목 이야기를 했단다. 덕분에 팔만대장경이 지금까지 남아 있을 수 있었지. 이후에 여기 해인사에서는 김영환을 추모하는 행사를 치르고 있어."

"진짜 멋진 군인이네요."

장하다는 군인도 역사를 잘 알면 더 멋있는 군인이 될 수 있겠다고 생각했다.

"이거 만든 사람들은 진짜 힘들었겠다."

가지런히 꽂혀 있는 목판들을 바라보던 곽두기는 이렇게 많은 걸 어떻게 만들어 낼 수 있는지 모르겠다며 감탄을 했다.

"이렇게 어마어마한 규모의 대장경이 만들어질 수 있었던 데는 한창 발전하고 있던 고려의 인쇄술도 한몫했어. 목판 인쇄술은 이미 신라 시대부터 시작되었지만, 본격적으로 발전하기 시작한 건 고려 시대부터거든."

용선생은 아이들을 이끌고 밖으로 나와 자리를 잡고 앉았다.

인쇄술의 발달과 금속 활자의 탄생

"그림이나 글자를 종이에 찍어 내는 기술을 인쇄술이라고 하지? 옛날엔 책을 펴낼 때 손으로 일일이 베껴 써야만 했기 때문에 책 한 권을 만들려면 시간도 오래 걸렸고, 가격도 무척 비쌌어. 하지만 목판 인쇄술이 발달하면서 책을 펴내기가 한결 수월해졌지. 일단 목판을 새겨 놓으면 수백 번 이상 같은 내용을 찍어 낼 수 있었으니까."

"왜 고려 때 인쇄술이 발달하게 된 건데요?"

"책이 많이 필요했으니까. 유학 책이며 불교 책을 찾는 사람들이 늘어나면서 책을 찍어 낼 일도 그만큼 많아졌거든. 게다가 질 좋은 종이며 먹도 전보다 더 많이 만들어졌지. 이렇게 인쇄 문화가 발달하면서 고려에서는 중앙과 지방의 행정 기관은 물론이고 전국의 주요 사찰에서도 직접 목판을 제작해 책을 인쇄했대. 이러한 기술을

나선애의 개념 사전

《상정고금예문》
고금(古今) 그러니까
예로부터 고려
때까지의 예문(예절,
의례 등)을 모아
편찬한 책이야.
《동국이상국집》에
이 책을 금속 활자로
인쇄했다는 기록이
남아 있어.

집대성하고 한층 발전시킨 계기가 바로 팔만대장경이었던 거고."

입을 헤벌리고 듣고 있던 아이들은 하나둘 고개를 끄덕였다.

"그뿐이 아니야. 목판 인쇄술이 상당한 수준에 도달했을 즈음, 고려인들은 세계 최초로 금속 활자를 이용한 인쇄술을 발명했어. 이 방법은 글자 하나하나를 금속으로 만든 뒤 그걸 조합해서 책을 찍어 내는 건데, 1234년에 《상정고금예문》이라는 책을 금속 활자로 간행했다는 기록이 있는 걸 보면 이미 그 이전부터 사용된 인쇄술이라는 사실을 짐작할 수 있지. 서양에서 금속 활자가 처음 만들어진 게 1435년에서 1445년 사이라고 하니까 고려는 그보다 무려 200년이나 앞서 금속 활자를 사용했던 셈이지."

"우아, 진짜요?"

용선생의 말에 아이들의 눈이 반짝거렸다.

"그럼 금속 활자로 찍었다는 그 책은 어디에 있어요?"

"안타깝게도 지금은 전해지지 않아. 하지만 1377년에 청주 흥덕사에서 간행된 《불조직지심체요절》이라는 책은 아직까지 남아 있어. 이 책은 세계에서 가장 오래된 금속 활자 인쇄본이기 때문에 유네스코 세계 기록 유산으로 지정되어 있지."

"불조직지 뭐요?"

"《불조직지심체요절》! 줄여서 《직지》라고도 한단다."

《불조직지심체요절 (佛祖直指心體要節)》
고려의 승려 백운이 2권으로 펴낸 책이야. 원래
제목은 '백운화상초록 불조직지심체요절'로,
'부처님[佛]과 스님들[祖]이 마음의 본체[心體]를
바로 가리켜 보인[直指] 가르침 중에서 중요한
부분만을 기록했다[要節]'는 뜻이야.

152

"그 책은 또 어디에 있어요?"

"프랑스 국립 도서관에 있다는구나. 40여 년 전, 박병선이라는 분이 프랑스 국립 도서관에 사서로 근무하고 있었어. 그런데 서고의 한 구석에서 먼지를 뒤집어쓴 채 끼여 있는 《불조직지심체요절》을 발견해서 세상에 알린 거지."

"그분 아니었으면 서양의 금속 활자가 세계 최초라고 계속 그랬을 수도 있겠네요. 대단한 분이시네요."

이때 곽두기가 손을 번쩍 들었다.

고려의 금속 활자 '복(復)'이라는 글자가 새겨져 있어. 개성의 무덤에서 발견되었어. 활자의 뒷면은 움푹 파여 있는데 금속 활자에 쓰이는 구리의 양을 줄이기 위해서야.

"그럼 금속 활자가 목판보다 더 좋은 거예요?"

"음…… 더 좋다기보다는 목판의 단점을 보완해 줄 수 있었어. 목판의 경우 책의 한 면 한 면을 그대로 새기는 것이기 때문에 완성되기까지 엄청난 시간과 노력이 필요했어. 다른 책을 만들려면 또다시 새로운 목판을 만들어야만 했고. 하지만 금속 활자는 한번 만들어 놓으면 새로운 책을 찍어 낼 때도 필요한 활자를 모아 찍어 내기만 하면 됐지. 이렇게 글자를 한 자씩 새겨 놓은 것에 '활자(活字)', 즉 '살아 있는 글자'라는 이름을 붙인 것도 어느 곳에든 자유롭게 옮겨 심을 수 있기 때문이었대. 또 금속은 나무에 비해서 더 튼튼하고 모양이 변형될 위험이 적으니 오랫동안 보관하기에도 편리했지."

용선생의 말에 허영심은 아쉽다는 표정을 지었다.

"금속 활자를 발명한 건 좋은데, 그 전에 만들어 놓은 목판들이 좀 아깝긴 하네요. 이젠 쓸모가 없어졌잖아요."

그러자 용선생은 얼른 두 손을 내저었다.

"쓸모가 없다니! 금속 활자가 발명된 뒤에도 목판은 계속 만들어졌어. 일단 한번 새겨 놓으면 필요할 때마다 인쇄할 수 있었기 때문에 자주 인쇄해야 하는 책은 목판으로 만들었어. 그리고 종이에 찍었을 때 더 보기 좋은 것도 목판이었어. 금속 활자의 경우 글자의 높낮이가 조금씩 달라 글자가 고르게 찍히지 않을 때가 많았지만, 하나의 판에 글자를 새기는 목판은 굴곡이 없으니 종이에 찍었을 때 선명하고 깨끗하게 나왔거든. 그리고 옛날 사람들은 목판을

금속 활자를 만드는 방법

1. 벌집에서 추출한 밀랍판 위에 글자가 적힌 종이를 뒤집어 붙여.

2. 글자 모양대로 글자를 새겨 밀랍 활자를 만들어.

3. 밀랍 활자를 하나씩 잘라 밀랍 가지에 붙여.

4. 밀랍 활자에 진흙을 덮어 씌워.

하나의 예술품으로 생각하는 경향이 있었기 때문에 금속 활자의 발명과는 상관없이 계속 만들어서 사용했어."

아이들은 목판과 금속 활자가 동시에 사용되었다는 것이 꽤나 놀랍게 느껴졌다.

"이렇게 인쇄술이 발달한 덕분에 고려 시대에는 많은 책이 만들어졌어. 너희들, 《삼국유사》라는 책에 대해 들어 봤지?"

자신이 아는 책이 나오자 왕수재는 회심의 미소를 지었다. 그러나 언제나 한발 빠른 건 나선애였다.

"네! 일연 스님이 쓴 거죠?"

왕수재는 입을 벌리려다 말고 어금니를 꾹 깨물었다.

금속 활자 이렇게 만들지!

참고 영상

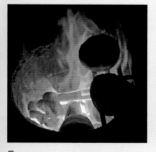
5. 열을 가해 밀랍을 녹이면 거푸집이 완성돼.

6. 거푸집 구멍에 쇳물을 부어 금속 활자를 만들어.

7. 거푸집을 깨고 금속 활자를 한 자 한 자 떼어서 다듬어.

8. 인쇄할 내용에 따라 활자를 배열해.

일연의 《삼국유사》, 김부식의 《삼국사기》

"1281년경에 일연이 편찬한 《삼국유사》는 예로부터 전해 오는 이야기와 사건들을 기록한 책이야. 고대 국가의 신화와 전설부터 삼국 시대에 일어난 다양한 일들, 삼국의 불교 수용 과정, 불상과 탑, 고승들의 일화, 신라의 향가, 효자나 착한 일을 한 사람들의 일화 등 다채로운 이야기들이 담겨 있지."

"삼국 시대 얘기만 있을 줄 알았는데 별의별 내용이 다 들어가 있네요."

"그렇지? 《삼국유사》에 실린 내용 중에는 다른 책에서는 찾아볼 수 없는 자료들이 상당히 많아. 특히 〈가락국기〉의 경우, 유일하게 남아 있는 가야의 역사이기 때문에 역사적 가치가 매우 높지. 그리고 현재까지 전해지는 책 중에서

일연(1206~1289)
열네 살 때 승려가 되었고 스물두 살 때 승과에 급제했어. 최씨 정권 때 대장경을 만드는 사업에 참여했고, 충렬왕 때 《삼국유사》를 편찬했어.

《삼국유사》 일연이 고대의 신화, 전설, 종교 신앙 등을 정리한 책이야. '유사(遺事)'란 '예로부터 전해져 오는 일'이란 뜻이야.

단군 신화를 가장 먼저 기록한 것도 바로 《삼국유사》야."

"아, 맞다! 예전에 단군 신화 배울 때도 《삼국유사》에 대해 설명해 주셨었죠?"

나선애의 말에 용선생은 흐뭇한 미소를 지었다.

"선생님, 그럼 《삼국유사》가 제일 오래된 역사책이에요?"

이번엔 곽두기가 물었다.

"아니. 삼국 시대에도 역사책은 만들어졌지만 지금 남아 있지는 않고, 현재 남아 있는 책 중에 가장 오래된 역사책은 인종 때인 1145년에 편찬된 《삼국사기》야. 이 책은 《삼국유사》와는 내용이나 성격이 많이 달라. 단군 신화도 들어 있지 않지. 원래 역사책은 누가, 언제, 어떤 관점을 가지고 썼느냐에 따라 조금씩 달라질 수밖에 없어. 이 두 책도 고려 시대에 쓰인

김부식(1075~1151)
김부식의 집안은 네 형제가 모두 과거에 급제하면서 고려에서 손꼽히는 문벌이 되었어. 묘청의 난을 진압한 후 고려 최고의 관직인 문하시중에 올랐어.

《삼국사기》 김부식을 중심으로 한 학자들이 고구려·백제·신라의 역사를 정리하여 서술한 역사책이야. 우리나라에 지금까지 전해지는 역사책 중에서 가장 오래된 책이야.

역사책이라는 점은 같지만 내용은 차이가 있었지. 무엇보다도 《삼국유사》는 일연 개인이 펴낸 책이었던 반면, 《삼국사기》는 김부식을 대표자로 해서 관청에서 펴낸 책이었기 때문에 책의 구성이며 분위기부터 달랐지."

용선생은 눈만 껌뻑거리는 아이들을 둘러보며 다시 설명을 이어 나갔다.

"먼저 《삼국사기》부터 설명해 줄게. 이 책은 고려 시대의 대표적 문신이었던 김부식이 다른 학자들과 함께 집필한 책이야. 당시 고려는 이자겸의 난과 묘청의 난으로 몹시 혼란스러웠어. 인종은 혼란스러운 고려 사회에 질서를 다잡기 위해서 새로운 역사책을 쓰라고 한 거야. 나라에서는 나라를 새로 세웠다거나 왕조의 전성기, 또는 큰 전쟁 등을 겪고 난 뒤에 다시 쓰는 경우가 많거든. 이런 시기들은 역사가 급격히 변화하는 때라서, 사람들의 생각이 흔들릴 수가 있고, 그래서 국가가 질서를 잡기 위해서 역사를 새로 쓰는 거야. 예를 들어 묘청이 일으킨 사건을 '반란'으로 쓰느냐 '서경 천도 운동'으로 쓰느냐에 따라 사람들의 생각도 달라지겠지? 그래서 시대마다 역사는 새로 쓰여진다라는 말이 있는 거지."

아이들은 묘청의 난에 대한 전통적인 인식과 신채호의 서로 다른 평가를 떠올렸다.

"호…… 그럼 《삼국사기》에는 어떤 내용이 들어 있어요?"

"고구려·백제·신라 세 나라의 정치와 전쟁, 그리고 외교에 관한 내용들이 담겨 있어. 유학자였던 김부식은 역사책을 최대한 사실 중심으로, 또 합리적으로 써야 한다고 생각했어. 그래서 누군가 지어낸 이야기처럼 보이거나 너무 과장된 이야기라고 판단되는 내용은 거의 넣지 않았지. 단군 신화가 빠진 것도 바로 그런 이유 때문이었고. 그렇다고 해서 《삼국사기》에 신화가 전혀 없는 것은 아니야. 삼국의 건국 신화는 실려 있어. 하지만 그 내용을 보면 《삼국유사》와는 달리 신비로운 분위기를 전하기보다는 합리적으로 쓰려고 노력했다는 점을 느낄 수 있어."

"하긴 나도 단군 신화가 역사책에 있는 게 이상했으니까……."

나선애가 고개를 끄덕이며 중얼거렸다.

"또 유학자들이 왕명에 따라 지은 책인 만큼, 《삼국사기》에는 유학의 기본 가르침이 깃들어 있어. 책을 쓸 때 어진 왕과 충성스런 신하들이 바른 정치를 펴는 모습, 부모에 효도하고 나라에 충성하는 백성들의 모습을 강조한 거지."

"선생님, 그러면 일연 스님은 《삼국유사》를 왜 쓴 거예요?"

왕수재는 나라에서 만든 역사책이 있는데 왜 굳이 스님이 또 역사책을 썼는지 모르겠다며 어깨를 으쓱했다.

"일연은 몽골군의 침입을 직접 경험한 사람이었어. 그리고 일생 동안 전국 각지의 절을 다니며 백성들의 힘겨운 삶을 가까이서 지켜보았지. 몽골과의 기나긴 전쟁이 끝나자 고려는 몽골이 세운 원나라로부터 간섭을 받게 됐어. 전쟁이 끝났어도 나라의 수난은 끝이 아니었던 거지. 일연은 결심했어. '예로부터 전해져 오는 우리네 역사 이야기를 써서 백성들에게 자부심과 희망을 줘야겠다!' 그래서 일연은 제자들과 함께 전국의 수많은 자료들을 모아서 책을 쓴 거야. 그가 특히 주목했던 부분은 바로 불교에 관한 기록과 오래된 신화나 전설, 또 평범한 백성들이 살아간 이야기였어."

"아하! 그럼 《삼국사기》에서 빼놓은 내용들을 딱 모으면 되겠네요!"

"그래, 그런 셈이지. 이렇게 《삼국유사》와 《삼국사기》는 우리나라에서 가장 오래된 역사책이면서 서로를 보완해 주는 책이기 때문에 둘 다 없어서는 안 될 귀중한 자료들이야."

나선애가 한번 읽어 봐야겠다고 말하자, 왕수재는 기필코 나선애보다 먼저 읽고야 말겠다고 생각하며 주먹을 꽉 쥐었다.

"여기까지 왔는데 장경판전만 보면 좀 아쉽겠지? 다른 건물도 한번 보고 가자."

용선생의 말에 아이들이 자리를 털고 일어났다. 장하다와 곽두기는 어느새 법당을 향해 달려가고 있었다.

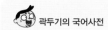

곽두기의 국어사전

법당
불상이나 보살상이 있는 건물을 말해.

불교 예술의 결정체, 고려 불화

법당 안을 둘러보던 아이들은 조용한 분위기에 눌려 감히 입을 열지 못했다. 그러나 침묵은 그리 오래가지 않았다. 불상을 유심히 보던 허영심이 그림 이야기를 꺼냈기 때문이었다.

"어느 절이나 불상 뒤에는 꼭 그림이 걸려 있는 것 같아."

그러자 용선생이 몸을 아이들 쪽으로 굽히며 소곤거렸다.

"저렇게 부처님의 모습이나 불경의 내용을 그린 그림을 '불화'라고 해. 불교를 잘 모르는 사람들에게 불교의 가르침을 보다 쉽게 전달하기 위해서 그려진 그림이야. 고려 후기에 특히 많이 제작되었단다."

아이들의 눈이 호기심으로 반짝이는 것을 본 용선생은 다시 법

〈수월관음도〉 1323년 고려 화가 서구방이 그린 그림으로, 달이 비치는 바다 한가운데 바위에 앉아 있는 관음보살을 그린 거야. 관음보살 뒤로는 대나무가 보이고, 왼쪽에는 버들가지가 꽂혀 있는 정병, 그 아래에는 무릎을 꿇은 동자가 있어.

당 밖으로 나가자는 손짓을 했다.

"근데 왜 불화는 저렇게 만화같이 그렸을까요?"

왕수재의 말에 허영심도 고개를 끄덕였다.

"음...... 아마 이 그림을 보면 생각이 달라질걸?"

용선생은 배낭에서 책을 한권 꺼내 펼쳐 보였다.

"이거 손으로 그린 거 맞아요? 투명한 옷을 어떻게 표현했지?"

허영심은 관음보살이 걸치고 있는 속이 훤히 들여다보이는 천 자락을 손가락으로 가리켰다.

"아름답지? 이 그림은 《화엄경》의 한 장면을 그린 〈수월관음도〉야."

"어머, 피부 좀 봐! 진짜 부드러워 보이지 않아?"

허영심은 어떻게 이런 색을 만들어 냈는지 모르겠다며 그림에서 눈을 떼지 못했다.

"이런 은은한 색감이 바로 고려 불화의 특징이야. 고려인들은 비단 위에 그림을 그린 다음 뒷면에 물감을 칠했는데, 이렇게 하면 물감이 앞으로 배어 나와 그림이 은은해 보이는 효과가 있어. 이런 방법을 '배채법'이라고 하지. 그리고 중국이나 일본과는 달리, 고려에서는 불화를 그릴 때 금가루를 많이 사용했어. 여기 반짝거리는 거 보이지?"

아이들은 불화에 사용된 금가루를 신기하다는 눈길로 바라보았다. 용선생은 책장을 넘기며 다른 그림들도 보여 주었다.

"고려 불화의 또 다른 특징은 바로 섬세하고 정교한 묘사야. 선의 굵기와 간격까지 일정해서 사람이 그린 게 아니라는 소리까지 나올 정도지. 오늘날의 최첨단 기술로도 고려 불화를 완벽하게 재현해 내는 것이 불가능하다고 해. 다른 나라에서도 불화를 많이 그렸지만, 기술적인 면은 물론 예술적인 면에서도 고려 불화에 견줄 만한 작품은 찾아보기 어려워. 그래서 고려 불화는 전 세계적으로 높은 평가를 받고 있지."

용선생이 다른 장을 펼치자 화려한 표지로 장식된 책 사진이 나타났다.

《감지금니 대방광불화엄경입불사의해탈경계보현행원품》 감색 종이에 금가루로 《화엄경》을 베껴 쓴 사경이야. 보현보살
(석가모니 부처를 오른쪽에서 가까이 모시는 보살)이 부처의 공덕을 성취하기 위해 닦아야 할 10가지 원칙을 말하는 장면이 그려져 있어.
세로 34cm, 호림박물관 소장. 보물.

"이 책은 '사경'이라는 거야. 사경이란 불교 경전을 손으로 베껴
쓰는 일이나 그렇게 베껴 쓴 책을 가리키는 말이지. 고려에서는 감
색이나 갈색의 고급 종이에 금이나 은으로 글씨를 쓰는 등 유난히
화려하고 고급스러운 사경을 많이 제작했어. 특히 충렬왕 때 사경
이 많이 만들어졌는데, 원나라에 수출될 정도로 수준이 뛰어났지."

"선생님, 아까 고려는 인쇄술이 발달했다고 하셨잖아요. 그런데 왜 손으로 썼어요?"

"당시 사람들은 부처님의 가르침을 손으로 베껴 쓰는 것을 신성한 행동으로 여겼어. 그래서 인쇄술의 발달과는 상관없이 재앙을 물리치거나 복을 빌기 위한 목적으로 사경을 제작했지."

"정말 예쁘다! 교과서도 이렇게 만들면 참 좋을 텐데……."

허영심의 말에 왕수재가 "그런다고 네가 교과서를 더 보겠냐?"

하고 킥킥거렸다. 하지만 다른 아이들은 교과서를 좀 더 예쁘게 만들어서 나쁠 건 없다고 생각하며 고개를 끄덕였다.

"고려의 대표적인 문화유산들을 살펴보고 있는데, 뭔가 빠진 것 같지 않니?"

"글쎄요, 또 뭐가 있어요?"

"아, 맞다. 고려청자!"

"고려청자? 우리 집에도 하나 있는데."

"야, 그게 진짜 고려청자겠냐?"

장곡사 금동 약사 여래 좌상 1346년 수많은 사람들이 자신의 무병장수, 전쟁으로 죽은 이들의 극락왕생을 기원하며 만든 불상이야. 불상 안에는 불상 제작에 참여한 사람들의 명단이 적힌 발원문이 들어 있었지. 불상 높이 91cm, 청양 장곡사 소장. 국보.

고려 문화의 꽃, 청자

"자 이번에는 여기를 한번 보렴."

용선생이 가방에서 다른 책을 꺼내 펼쳐 보이며 말했다. 책에는 고려청자 사진이 가득했다.

"고려청자는 이 고운 색과 아름다운 상감 무늬로 유명하지. 세계

고려청자

청자 풀꽃무늬 꽃모양 받침잔
꽃봉오리 모양의 청자 잔과 청자 받침이야.

청자 상감 인물화무늬 매병
연꽃과 국화가 만발한 정원에서 악기를 연주하는 두 인물을 볼 수 있어.

청자 상감 구름 학무늬 매병
하얀 구름과 학 무늬로 장식한 청자야. 매병이란 주로 입구가 좁고 어깨가 풍만하며 허리가 잘록한 도자기를 말해. 높이 41.7cm, 간송미술관 소장. 국보.

청자 투각 칠보무늬 향로
향을 피우기 위해 만든 향로야. 향로 몸체는 꽃잎을 겹쳐 연꽃 모양을 표현했고, 밑 부분은 세 마리의 토끼가 받치고 있어. 높이 15.3cm, 국립중앙박물관 소장. 국보.

어느 곳에 내놓아도 뒤지지 않을 훌륭한 도자기야. 특히 이 푸른빛은 '비색(翡色)'이라고 불렸는데, 청자의 원조인 중국에서도 이 고려 청자의 색을 부러워할 정도였어. 이 색은 현대의 기술로도 만들어 내기가 쉽지 않대."

그때 왕수재가 갑자기 용선생을 휙 돌아보았다.

"잠깐요! 청자의 원조가 중국이라고요?"

변화무쌍 고려청자!
용선생 현장 강의

청자 사자모양 뚜껑 향로 뚜껑 부분을 사자 모양으로 만든 향로야. 높이 21.2cm, 국립중앙박물관 소장. 국보.

청자 원숭이모양 먹항아리 원숭이 모양의 먹항아리야. 먹항아리는 붓글씨를 쓸 때 필요한 먹을 담아 두는 문방 용구야.

청자 상감 모란무늬 표주박모양 주전자 모란 넝쿨무늬를 역상감 기법으로 표현했어. 역상감 기법이란 나타내고 싶은 무늬를 뺀 바탕 부분을 상감하는 것을 말해. 높이 34.7cm, 국립중앙박물관 소장. 국보.

청자 투각 상감 귀갑무늬 상자 거북이 등딱지 모양으로 장식한 상자야. 청자 상자에 구멍이 뚫려 있지? 투각이란 구멍을 뚫어 조각하는 기법을 말해. 고려 시대 여인들의 화장품 상자로 추정되고 있어.

"응, 고려는 청자를 두 번째로 만든 나라였어. 청자가 처음 만들어진 것은 중국 남부 지역이었고, 고려에서 이를 받아들여 고려청자로 발전시킨 거야. 하지만 당시에도 그랬고 지금도 그렇고, 고려청자는 세계 최고라는 평가를 받아 왔지."

"그럼 중국 청자에도 이런 무늬가 있나요?"

영심이 학 문양이 그려진 상감 청자를 가리키며 물었다.

"아니. 그렇게 무늬를 넣는 상감 기술은 고려의 독창적인 청자 제작 기법이었어. 이쪽에 상감 무늬 청자를 만드는 과정이 설명되어 있으니 한번 보렴."

용선생은 상감 청자의 제작 과정이 자세히 안내된 페이지를 펼쳤다.

"근데 다 만들어 놓고 버리는 것도 많았나 봐요?"

"응, 고려청자는 만들기도 무척 어려웠지만, 다 구워 낸 뒤에도 훌륭한 것만을 골라냈대. 고려의 대표적 문인인 이규보는 새로 얻은 청자 술잔의 멋에 감탄하며 쓴 시를 남겼는데, 그중에는 구워 낸 뒤에 '열에 하나를 고른 것'이라는 구절이 있어. 고려청자를 만든 장인들은 그 정도로 뛰어난 품질을 유지하기 위해 노력했던 거지."

용선생과 아이들은 책장을 넘기며 여러 청자의 모습들을 살펴봤다.

"청자는 이렇게 음식을 담는 그릇을 비롯해 찻잔, 술병과 술잔, 벼루나 향로 같은 물건들로 많이 만들어졌어. 하지만 좀 더 특별한

청자로 만든 생활용품

청자 철화 모란 넝쿨무늬 난간 고려 사람들은 난간 기둥도 청자로 만들어 아름답게 장식했어.

청자 상감 모란 구름 학무늬 베개
고려 사람들은 베개도 청자로 만들어 사용했어. 이 베개는 여섯 개의 도자기 판을 붙여 만든 거야. 연꽃, 당초, 구름, 학 무늬가 아름답게 새겨져 있어.

청자 상감 새 꽃무늬 의자
높이 41.6cm, 지름 30.8cm의 원통형 의자야. 윗면에는 봉황, 연꽃무늬가 조각되어 있고 몸체에는 상감 기법으로 공작, 모란, 매화, 대나무, 학, 버드나무가 새겨져 있어.

청자 상감 새 꽃가지무늬 도판 한 마리 새가 꽃이 핀 나뭇가지에 앉아 있는 모습을 상감 기법으로 아름답게 표현한 청자판이야. 가로 22.6cm, 삼성미술관 리움 소장. 보물.

청자 인각 모란무늬 기와 고려 사람들은 지붕에 덮는 기와를 청자로 만들기도 했어. 인각 기법은 도장에 새겨진 무늬를 눌러 찍는 장식 방법을 말해.

청자도 있었지. 청자로 만든 의자나 베개도 있었고, 심지어 청자로 기와를 만들어 지붕에 얹기도 했어."

"여기 있다! 진짜 베개네? 기와도 있어!"

용선생이 또 다른 사진을 보여 주며 말을 이었다.

"고려 시대에는 청자 외에도 여러 공예품이 만들어졌어. 지난번에 얘기했던 소나 절을 중심으로 수공업이 발달했거든. 이렇게 자개로 장식한 나전 칠기도 고려 시대에 많이 제작되었단다."

"고려 사람들은 전쟁이나 힘든 일도 많았는데, 참 예쁘게 꾸미고 살았던 거 같아요."

허영심은 나전 칠기함에 귀걸이며 목걸이를 넣어 두면 좋겠다고 하고, 왕수재는 청자로 만든 의자에 앉으면 공부가 더 잘 될 것 같다고 했다.

상감 청자를 만드는 방법

1. 흙을 충분히 반죽한 뒤 물레를 이용하여 모양을 만든다.

2. 표면에 여러 가지 무늬를 새긴다.

3. 무늬를 새긴 자리에 다른 색의 흙을 넣는다. 이를 가마에 구우면 백토는 흰색으로, 자토는 검은색으로 바뀐다.

나전 경함 나전은 얇게 핀 조개껍데기를 오려서 가구 등에 붙여 장식한 것을 말해. 경함은 불교 경전을 넣어 뒀던 상자라는 뜻이야. 높이 22.6cm, 가로 41.9cm. 국립중앙박물관 소장. 보물.

"그래, 고려 시대에는 거란이나 몽골과의 큰 전쟁도 있었고, 원 간섭기처럼 힘든 시기도 있었지. 그런데 오늘 본 팔만대장경을 비롯해서 많은 문화유산들이 이렇게 힘든 시기에 만들어졌단다. 어쩌면 그렇게 힘들었기 때문에 더 아름답게 만들려고 노력했는지도 모르겠구나."

참고 영상

조개껍데기의 대변신!

4. 그늘에서 충분히 말린 후 가마에 넣어 800~900도에서 15~25시간 굽는다.

이렇게 살짝 구워주면 유약이 잘 스며들지!

이걸 초벌구이라고 해!

유약으로 코팅을 해주면 오래 쓸수 있어.

으... 근데 왜 왕수재 얼굴을 오래오래 봐야 돼?

5. 초벌구이가 끝난 뒤 유약을 바른다. 유약을 바르면 단단해지고 물이 새지 않는다. 1,200~1,300도에서 20~30시간 다시 굽는다.

이건 뭐니?

에잇!

흑!

6. 가마에서 완성된 청자를 꺼낸다. 불량품은 깨서 버린다.

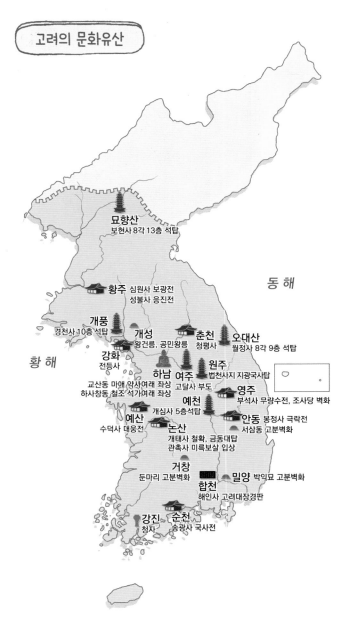

묘향산
보현사 8각 13층 석탑

동 해

황주 심원사 보광전
성불사 응진전

개풍
경천사 10층 석탑

황 해

개성
왕건릉, 공민왕릉

춘천
청평사

오대산
월정사 8각 9층 석탑

강화
전등사

하남
교산동 마애 약산여래 좌상
하사창동 철조 석가여래 좌상

여주
고달사 부도

원주
법천사지 지광국사탑

영주
부석사 무량수전, 조사당 벽화

예천
개심사 5층석탑

예산
수덕사 대웅전

안동 봉정사 극락전
서삼동 고분벽화

논산
개태사 철확, 금동대탑
관촉사 미륵보살 입상

거창
둔마리 고분벽화

밀양 박익묘 고분벽화

합천
해인사 고려대장경판

강진
청자

순천
송광사 국사전

설명을 마친 용선생은 책을 다시 배낭에 넣었다.

"자, 이제 해인사나 마저 둘러볼까?"

제일 먼저 자리를 훌훌 털고 일어난 곽두기가 기다렸다는 듯이 해인사 앞마당에 있는 석탑 쪽으로 달려갔다. 나머지 아이들도 왁자지껄 떠들며 하나둘 두기의 뒤를 따르기 시작했다.

"아이고, 얘들아. 사찰에서는 큰 소리로 떠들면 안 돼!"

용선생의 쩌렁쩌렁한 목소리가 메아리처럼 울려 퍼지자 멀리서 바닥을 쓸고 있던 스님 한 분이 비질을 멈추고 용선생을 바라보았다. 용선생은 멋쩍게 웃어 보인 뒤 쭈뼛쭈뼛 아이들을 향해 걸음을 재촉했다.

나선애의 정리노트

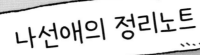

1. 팔만대장경

① 8만여 장의 목판에 새긴 고려의 대장경

② 부처님의 힘으로 몽골을 물리치기 위해 만들었음

③ 유네스코 세계 기록 유산

＊ 팔만대장경을 보관한 해인사 장경판전은 유네스코 세계 문화유산

2. 목판 VS 금속 활자

《불조직지심체요절》은
금속 활자로 인쇄한 책 중 가장 오래된 책(1377년)
유네스코 세계 기록 유산!

	목판 (나무로 만든 인쇄판)	금속 활자 (금속으로 만든 인쇄용 활자)
책 만드는 법	책 내용을 목판에 그대로 새김	금속 활자를 책 내용대로 조립
장점	·한 종류의 책을 많이 인쇄할 　수 있음 ·깨끗한 인쇄	·다양한 종류의 책을 인쇄할 　수 있음 ·보관이 쉬움

3. 서로 다른 《삼국사기》 VS 《삼국유사》

	《삼국사기》	《삼국유사》
편찬자	김부식	일연
내용	삼국의 정치, 전쟁, 외교 등	삼국의 정치 등 + 불교, 신화, 전설 등
특징	합리적	다양한 이야기 수록

4. 고려청자

- 고려청자는 푸른색(비색)과 아름다운 상감 무늬로 유명

＊ 상감이란 재료의 일부를 파내고 그 자리에 다른 재료를 넣어 무늬를 만드는
　기법을 말함

용선생의 역사 카페

역사계의 슈퍼스타,
용선생의 역사 카페에
오신 걸 환영합니다

Log in

게시판 ∨

📄 역사가 제일 쉬웠어용!
📄 이제는 더~ 말할 수 있다!
📄 필독! 용선생의 매력 탐구
📄 전교 1등 나선애의 비밀 노트

지눌, 불교 결사 운동을 일으키다

고려는 불교가 유행했으니, 유명한 스님들도 많았겠지? 고려의 왕자 출신으로 송나라에 몰래 유학한 의천도 유명했지만, 그에 못지않게 유명한 스님이 한 명 있어. 바로 지눌(1158~1210)이야. 지눌은 황해도에서 하급 관리의 아들로 태어나 8살 되던 해에 승려가 되었어. 이후 수행을 하던 중 개경에서 열리는 법회에 참여했단다. 그런데 개경의 불교계는 지눌에게 실망만 안겨 주었어. 수행에는 관심이 없고, 절의 재산을 늘리는 데 관심이 쏠려 있었으니까 말이야.

실망한 지눌은 10여 명의 승려들과 뜻을 함께 하는 모임을 만들기로 했어. 이런 모임을 '결사'라고 해. 이들은 "법회가 끝난 뒤 명예와 이익을 버리고 산속에 숨어 뜻을 같이할 결사를 만들자. 늘 수행하고 지혜를 닦는 것을 임무로 여기자."라고 다짐했어.

이후에 지눌은 송광산 길상사(지금의 순천 송광사)에 자리를 잡았어. 지눌이 이곳에서 가르침을 펼치며 결사 운동을 계속하자 사람들이 모여들기 시작했지. 특히 지눌의 가르침을 적극적으로 받아들인 것은 지방의 향리들이었어. 이들은 지방 사회에서 재산도 있고, 공부도 많이 한 사람들이었지. 세상을 이끌어 나갈 새로운 사상을 원하고 있었지만, 개경의 불교계는 그러한 가르침을 주지 못했던 거야. 그런데 지눌이 나타나서 새로운 가르침을 펼치니 여기에 호응했던 거지.

지눌은 불경 공부와 수행을 함께해야 한다고 주장했어. 그리고 "중생을 떠나서는 부처가 될 수 없다"며 생활 속의 실천이 중요하다고 했지. 그러니 알아들을 수 없는 어려운 말만 하는 개경의 승려들보다 지눌의 가르침이 백성들이나 향리들에게 더 매력적으로 다가갔을 거야.

불교 결사는 고려 역사에서 중요한 사건이었단다. 무엇보다 불교 결사를 이끌고 후원했던 사람들이 중앙의 귀족들이 아니라 지방에서 성장하고 있던 향리들이었다는 점이 중요해. 왜 이게 중요하냐고? 이 사람들이 나중에 등장할 신진 사대부들의 할아버지뻘 정도 되거든. 새로운 사상에 목말라 했던 사람들이 이후에 고려를 어떻게 바꾸어 나가는지 지켜보면 재밌을 거야.

대구 동화사 보조 국사 지눌 진영
지눌은 죽은 뒤에 '보조 국사'라는 호칭을 얻게 되었어. 지눌을 그린 초상화가 많이 있는데, 그중에서 가장 오래된 그림이야. 대구 동화사에 있어. 높이 183cm, 보물.

 COMMENTS

🐣 곽두기 : 지난번에 송광사 다녀온 적 있는데, 지금도 중요한 절인가요?

↳ 🐢 용선생 : 지눌의 종파는 이후 고려와 조선에서 가장 큰 종파가 되었어. 이 종파가 조계종이야. 지금 불교계에서 가장 큰 종파가 바로 대한 불교 조계종이거든. 그러니 현재 한국 불교의 뿌리가 지눌과 송광사에 있다고 할 수 있지.

한국사 퀴즈 달인을 찾아라!

01 ★☆☆☆☆

박물관에 갔다가 찍어 온 사진이
야! 너무 아름답지 않니? 이렇게
부처님의 모습이나 불경의 내용을 그린 그림
을 ○○라고 해. 친구들, ○○에 들어갈 올바
른 단어를 골라 줄 수 있지? (   )

① 불화

② 불경

③ 불심

④ 불상

02 ★★☆☆☆

〈한국사 대토론회〉가 열렸어! 오늘의 주제는
'역사책, 어떻게 써야 하는가?'라고 해.

 : 진짜로 있었던 일과 허무맹랑한
옛날이야기는 엄격히 구별해야 한
다고 봅니다. 그래서 전 《삼국사
기》를 지을 때, 실제로 있었던 사
실 위주로 적어 넣었습니다.

 : 하지만 전설, 신화 등의 이야기나
향가 같은 옛날 노래도 나름의 가
치가 있어요. 그래서 저는, 제 책
《삼국유사》에 단군 신화 등의 이
야기도 적었지요.

 : 헐~! 그러면 곰이 인간과 결혼했
다는 이야기를 믿으시는 겁니까?
그리고 그걸 역사책에 적고요?

 : 그걸 글자 그대로 믿자는 게 아
닙니다. 그 신화를 통해 우리 고
려 사람들이 자부심과 희망을 가
질 수 있도록 하자는 거죠.

자, 오늘 수업에 집중한 친구라면 이 두 사람
이 각각 누구인지 알 수 있겠지?

 ① (   )

 ② (   )

도착!

03 ★★★☆☆

금속 활자로 인쇄된 책 중에서 가장 오래된 책이야. 현재 프랑스 국립도서관에 보관되어 있어. 이 책의 이름이 뭘까?

[   ]

힌트! 이 책의 이름은 여덟 글자인데, 너무 길다 보니 줄여서 '직지'라고 부르기도 해.

04 ★★★☆☆

선애가 목판과 금속 활자의 장점을 쭉 써 봤어. 그런데 쓰다 보니 뒤죽박죽이 되었잖아? 어떤 것이 목판의 장점이고, 어떤 것이 금속 활자의 장점인지 모르겠다고 하네. 친구들이 도와줄 수 있지?

① 똑같은 책을 한꺼번에 많이 찍어 낼 수 있다.
② 갈라지거나 뒤틀릴 걱정 없이 보관할 수 있다.
③ 인쇄가 고르게 된다.
④ 다양한 종류의 책을 찍어 낼 수 있다.

목판	금속 활자
( ), ( )	( ), ( )

05 ★★★★★

왕수재가 고려의 어떤 문화유산에 대한 소개 글을 썼어. 이 소개글에 들어갈 설명으로 옳지 않은 것은 무엇일까? (   )

고려는 몽골군이 물러가고 전쟁이 끝나기를 바라는 소망이 담긴 대장경을 만들었다.

① 해인사 장경판전에 경판이 보관되어 있다.

② 금속 활자로 찍어 낸 인쇄본 중 가장 오래되었다.

③ 완성된 경판의 수는 8만 여개나 된다.

④ 유네스코 세계 기록 유산으로 등재되었다.

달인 트로피

• 정답은 261쪽에서 확인하세요!

금속 활자본 《직지》의 고향 청주에 가다

떠나 볼까?
용선생 현장 강의

충청북도 중서부에 위치한 청주는 충청북도 인구의 과반수가 사는 큰 도시야. 다채로운 명소를 만날 수 있는 문화와 예술의 도시 청주로 떠나 보자.

청주 고인쇄 박물관

청주는 세계에서 가장 오래된 금속 활자본인 《불조직지심체요절(일명 직지)》의 고향이야. 《직지》는 1377년 흥덕사라는 절에서 만들어졌어. 청주 고인쇄 박물관은 바로 그 흥덕사 자리에 세워졌지. 박물관에는 《직지》에 대한 해설은 물론 우리나라 인쇄 기술의 역사, 금속 활자 인쇄에 필요한 도구들과 그 과정 등을 자세히 소개하고 있었어.

박물관 바로 옆에는 흥덕사지가 있어 옛 흥덕사의 모습이 어땠을까 상상해 봤지.

청주 고인쇄 박물관 박물관 건물의 지붕은 초가집 지붕을 본뜬 동판으로 만들었다고 해.

금속 활자 만드는 과정을 재현한

청주 고인쇄 박물관　　용두사지
　　　　　　　　　　　철당간　　　국립 현대
　　　　　　　　　　　　　　　　미술관 청주　　상당산성　　　청남대

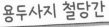

용두사지 철당간

이 기둥은 고려 시대에 세워진 철당간이야. 절 입구에 깃발을 걸기 위해 세운 거지. 그런데 이 철당간에는 또 다른 이야기가 전해져. 옛날 청주는 잦은 홍수로 백성들이 큰 피해를 입었대. 이때 어느 점술사가 말하길 "큰 돛대를 세우면 재난을 면할 수 있을 것이다!"라고 했다는 거야. 그 말을 들은 백성들은 이곳에 돛대 구실을 하는 커다란 당간을 세웠는데, 그게 바로 이 철당간이라는 거지. 정말로 홍수는 줄어들었을까? 오늘날에는 철당간 주변으로 쇼핑센터가 들어서 있어 만남의 장소로 통해.

용두사지 철당간　철당간은 962년 고려 광종 때 만들어졌어. 현재는 20개의 철통으로 연결된 모습으로 남아 있지. 그중 아래에서 세 번째 철통에는 철당간의 제작 동기와 과정 등이 새겨져 있어.

명암 저수지　청주 시내 인근에 있는 호수야. 명암 저수지는 지역의 농업용수를 공급하기 위해 만들어졌대. 저수지의 주변에는 산책길이 조성돼 있어 나들이나 운동하기에 좋고. 오리 배도 탈 수 있어.

국립 현대 미술관 청주

 청주의 대표적인 미술관인
국립 현대 미술관에 왔어.
이곳은 여러 미술품들을 맡아
두고 보관하는 우리나라 최초의
수장고형 미술관이야. 어쩐지
다른 미술관과는 다르게 작품들이
빼곡하게 칸칸이 채워져 전시돼
있더라고. 그리고 이곳은 청주의
대표 산업 시설 역할을 해 왔던
옛 담배 공장 건물에 들어선 거래.
미술관 곳곳에서 옛 공장의 흔적을
찾아 볼 수 있었어.

상당산성

상당산성은 상당산의 능선을 따라 성벽을 쌓은 성이야. 청주는 백제 때 상당현이라고
불렸는데, 상당산성은 그때 이름에서 따온 것 같아. 조선 시대에는 충청 지역을 방어하는
군사적 요충지가 되기도 했지. 지금은 가족, 친구들과 함께 소풍하기 좋은 장소로 유명해.

청남대

대통령들의 전용 휴양지였던 청남대에 왔어. 청남대는 따뜻한 남쪽의 청와대란 뜻이야. 과거에는 비공개 시설이었지만 지금은 사람들에게 전면 개방되어서 옛 대통령들이 머물렀던 침실이나 목욕탕, 각종 시설들을 구경할 수 있지.

청남대 가로수길 청남대 가로수길은 계절에 상관없이 언제나 아름다워. 한국의 아름다운 길 100선에 들기도 했어.

청남대 호수갤러리 청남대에는 걷기 좋은 산책길과 다양한 예술 전시가 열리는 갤러리, 대청호를 배경으로 한 포토존이 있어.

6교시

공민왕, 혼란 속에서 개혁의 길을 가다

공민왕이 왕이 되었을 때, 고려는 국내외적으로 혼란스러웠어.

공민왕은 고려의 자주성을 되찾고 고려 사회를 안정시키기 위해 여러 가지 개혁을 시도했지.

하지만 공민왕의 여러 노력에도 불구하고 개혁은 쉽지 않았어.

공민왕이 바라던 고려는 어떤 모습이었을까? 공민왕의 개혁은 과연 성공했을까?

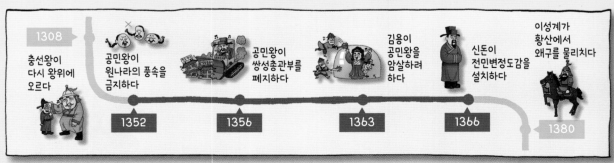

1308		1352	1356		1363		1366		1380

충선왕이 다시 왕위에 오르다

공민왕이 원나라의 풍속을 금지하다

공민왕이 쌍성총관부를 폐지하다

김용이 공민왕을 암살하려 하다

신돈이 전민변정도감을 설치하다

이성계가 황산에서 왜구를 물리치다

알고 있는 용어에 체크해 보자!

☑ 알고 있는 용어에 체크해 보자!
☐ 권문세족　　☐ 부원 세력　　☐ 공민왕
☐ 신돈　　☐ 전민변정도감

노국 공주와 공민왕

"이제 거의 다 왔다."

"저 아래에서 도토리묵 먹은 게 벌써 소화가 다 됐나 봐요."

장하다가 배를 만지며 말했다.

"야 너는 묵사발 두 그릇이나 먹었잖아!"

"그랬나?"

장하다가 멋쩍은 듯 머리를 긁적이며 다른 이야기를 꺼냈다.

"여기는 어떤 절이에요?"

"부석사라는 곳이란다. 신라 시대 의상 대사가 지었다는 절이지. 예전에 궁예가 여기에 있던 신라 왕의 초상화를 찢었다고 했었지?"

"아, 그럼 궁예가 왔던 곳 보러 가는 거예요?"

"아니야. 오늘은 공민왕이라는 고려의 왕이 부석사에 왔었던 얘기를 하려고 여기까지 왔지. 조금만 더 올라가면 아주 아름다운 건물을 볼 수 있을 게다."

영주 부석사 무량수전 부석사는 경상북도 영주에 있어. 무량수전은 가운데 부분이 볼록한 기둥과 지붕 처마를 받들고 있는 독특한 방식 때문에 주목을 받고 있어. 또 불상이 건물 정면에 있지 않고, 옆쪽에 있는 것도 특징이지. 국보.

용선생 현장 강의

저 볼록한
기둥의 정체는?

용선생이 앞장서 조금 더 올라가니 아주 오래돼 보이는 나무 건물이 나타났다.

"우아, 딱 봐도 엄청 옛날 건물이네! 몇백 년은 된 것 같은데."

"그러게. 나무 색깔들이 다 바랬어."

"그런데도 뭔가 남다른 분위기가 있는 것 같아."

아이들이 감탄하는 소리에 용선생이 고개를 끄덕였다.

무량수전 현판
공민왕이 직접 쓴
글씨라고 해.

"무량수전이라는 건물이야. 지금껏 전해지는 몇 안 되는 고려 시대 나무 건축물이야. 왜구의 침략으로 큰 피해를 입어서, 고려 말에 다시 지었다고 하는구나."

"흠, 그렇다면 역사적 가치가 무척 높은 건물이겠군요."

왕수재가 땀을 닦으며 새삼스레 무량수전을 휘둘러보았다.

"그렇고 말고. 역사적 가치도 크고, 독특하고 아름답기도 해서 국보로 지정되었지. 그런데 말이야. 저기 현판에 쓰인 '무량수전'이라는 한자 보이지? 저 현판 글씨는 고려의 왕이 직접 쓴 거라는 이야기가 전해진대. 바로 오늘 이야기의 주인공인 공민왕이지."

"공민왕? 이름이 저번 시간에 배운 왕들하고는 좀 다르네요. '충'으로 시작하는 게 아니네요."

두기가 중얼거리는 말을 용선생이 "그렇지!" 하고 받았다.

"원 간섭기가 되면서 왕의 이름에는 충선왕처럼 '충' 자가 붙게 됐다고 했지. 하지만 공민왕은 그렇지 않아. 그렇다고 태조나 광종처럼 '조'나 '종'이 붙은 것도 아니고. 오늘 이야기의 핵심을 찌르다니. 두기가 공부를 열심히 하는 것 같구나."

형과 누나들이 "우아!" 하면서 감탄하자, 곽두기는 얼굴을 살짝 붉히면서 머리를 긁적였다.

"공민왕은 어떤 사람이었어요?"

선애가 묻자, 다른 아이들도 궁금하다는 얼굴로 용선생을 바라봤다. 용선생은 큰 바위가 있는 쪽으로 자리를 옮기면서 이야기를 이어 나갔다.

공민왕, 혼란 속에서 왕위에 오르다

"충숙왕의 둘째 아들로 태어난 공민왕은 열두 살이 되던 해 원나라에 보내졌어. 그곳에 머무는 동안 두 번이나 왕이 될 기회가 있었지만, 번번이 나이 어린 조카들에게 밀리고 말았지. 어떻게 하면 고려의 왕이 될 수 있을까 고민하던 공민왕은 일단 원나라 공주와 결혼해서 황실의 지지를 얻어야겠다고 생각했어. 그래서 모든 방법을 동원해 결혼을 추진했는데, 이때 신붓감으로 결정된 사람이 바로 노국 공주였어."

"네? 뭐야, 이번에도 그냥 왕이 되기 위해 공주와 결혼했다는 거잖아요?"

잔뜩 기대에 찼던 허영심은 입을 쑥 내밀고 툭툭거렸다. 그러나 용선생은 아직 실망하기엔 이르다며 씨익 웃었다.

 허영심의 인물 사전

충숙왕

(1294~1339)
충선왕의 둘째 아들로, 두 번 왕위에 올랐어. 반대 세력의 모함을 받아 아들 충혜왕에게 왕위를 물려줬다가 2년 후 다시 왕위에 오른 거지.

중매쟁이

왕이 되려면 그녀를 잡아요!

공민왕

당신을 만나기 전까지 제 인생은 암흑이었습니다!

샤

"비록 왕위 때문에 이루어진 결혼이긴 했지만 이들의 만남은 운명과도 같았어. 공민왕은 야망은 있었지만, 여러 이유로 왕이 못 되어서 뜻을 펼치지 못하고 있었고, 노국 공주는 원 황실의 공주라고 하지만 권력과 멀어진 집안 출신이었지. 비록 그런 상황에서 만났지만, 둘은 만남 이후에 사랑에 빠지고 말았어."

허영심은 자신이 기대했던 이야기가 바로 이런 거라며 호들갑을 떨었다. 왕수재와 장하다는 또 시작이라며 고개를 저었다.

"노국 공주와 결혼식을 올린 공민왕은 드디어 1351년, 고려의 왕이 되었어. 그리고 노국 공주와 함께 개경으로 돌아왔지. 하지만 당시 고려는 매우 어수선했어. 원나라의 제도를 도입한 이래로 나라의 관청들은 자주 바뀌었고, 무슨 일이 생길 때마다 임시로 관청을 세워 일을 처리했거든. 그 바람에 업무가 중복되거나 제대로 진행되지 않는 경우가 많았어. 게다가 재상들의 회의 기구인 도평의사사에서 나라의 중요한 일들을 결정해 버리고, 무신 정권기에 만들어진 정방에서 관리들의 인사권을 틀어쥐고 있었어. 왕권은 바닥으로 떨어져 버린 지 오래였지."

나선애의 개념 사전

도평의사사
재상들의 회의 기구는 원래 '도병마사'였는데 주로 변경의 군사 문제를 논의했어. 1279년(충렬왕 5년)에 '도평의사사'로 이름이 바뀌었어. 고려 말에는 나랏일 전반을 결정하는 역할을 했어.

어머나, 느끼해라! 버터에 밥 비벼 드셨나? 오호홋!

노국 공주

"흠, 공민왕은 부푼 꿈을 안고 고려로 돌아왔을 텐데…… 꽤나 실망했겠네요."

나선애의 말에 용선생이 한층 목소리를 키웠다.

"그보다 더 심각한 문제는 따로 있었어. 이 시기에는 권문세족들이 지배층으로 떠오르면서 백성들을 더욱 고통스럽게 했단다. 권문세족은 여러 부류가 있었어. 고려 전기 이래로 세력을 유지한 문벌 귀족이라든가, 무신 정권 당시에 출세한 집안, 그리고 원 간섭기 원의 힘을 업고 등장한 이들까지. 원 간섭기 이후 고려가 무너져 내릴 때까지 지배층의 자리를 지켰던 그들을 권문세족이라고 해. 그들은 높은 벼슬자리를 차지하고 땅을 야금야금 늘려 대대로 권세를 이어 갔어. 이들은 다양한 방법으로 땅을 차지해서 거대한 농장을 만들었어. 이 과정에서 억울하게 땅을 빼앗기는 사람들이 숱했지만, 힘없는 백성들로서는 어쩔 도리가 없었지. 백성들은 권문세족의 땅을 빌려 농사를 지은 뒤 수확한 곡식의 일부를 지대로 바쳤어. 이들은 대부분 양인이었지만, 시간이 흐를수록 땅 주인에게 지대를 제대로 내지 못해 노비 신세가 되는 경우가 많아졌어. 그럴수록 나라의 재정도 엉망이 되어 갔지. 양인이 줄어든다는 것은 곧 나라에 세금을 내고 부역을 짊어질 사람들이 줄어든다는 뜻이니까."

나선애는 고려가 얼마나 어려웠는지 확실히 알겠다며 한숨을 내쉬었다.

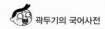

권문세족

'권력 있는 집안, 세력 있는 족속'이란 뜻이야.

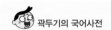

지대

땅을 빌리는 대가로 땅 주인에게 주는 돈이나 쌀 등을 말해.

부원(附元) 세력
원나라[元]에
빌붙은[附] 무리라는
뜻이야.

"이런 권문세족들 가운데서도 특히 고려의 질서를 어지럽히는 이들이 있었어. 지난 시간에 원나라에 간 사람들이나 몽골어를 익힌 사람들 중에 꽤 출세를 한 이들도 많았다고 했지? 그리고 원의 벼슬자리를 얻은 사람들 중에서는 원나라 힘만 믿고 고려 왕실이나 백성들에게 횡포를 일삼는 이들이 생겨났어. 이렇게 원나라 세력을 등에 업고 갖은 위세를 부리던 이들을 '부원 세력'이라고 해."

"하여튼 어딜 가나 힘센 사람한테 빌붙어서 약한 사람들을 괴롭히는 녀석들이 꼭 있다니깐!"

장하다가 콧구멍에 힘을 주며 말했다.

"대표적인 부원 세력으로 홍씨 일가와 기씨 일가를 꼽을 수 있어. 홍씨 일가는 몇 대에 걸쳐 원나라의 앞잡이 노릇을 한 걸로 유명했지. 시작은 홍복원 때부터였는데, 몽골군이 고려에 쳐들어왔을 때 서경의 지휘관이었던 그는 조정에서 보낸 관리들을 죽이고 몽골로 도망친 인물이야. 나중엔 아예 몽골의 관리가 되어 몽골군이 고려를 침략할 때마다 착실하게 길 안내를 했지. 그가 죽자 아들 홍다구가 벼슬을 물려받았는데, 아버지와 다를 것이 하나도 없었어. 또 그 아들인 홍중희는 앞잡이 노릇을 하다못해, 아예 고려를 원나라의 지방 행정 구역으로 삼으라는 건의까지 했어."

금동 대세지보살 좌상 기황후가 많은 돈과 불상을 기부한 금강산 장안사에 있던 보살상이야. 고려 사람들이 만들었지만, 얼굴 표정이나 날씬한 허리, 화려한 구슬 장식 등에서 원나라의 영향을 찾아볼 수 있어. 높이 18cm, 호림박물관 소장. 보물.

"그래서 어떻게 됐어요? 진짜 고려가 원나라에 완전히 속하게 된 건가요?"

"그런 일은 일어나지 않았지. 고려의 왕과 신하들은 원나라 황실에 계속 그렇게 하면 안 된다고 요청을 했거든. 원종이 태자로 쿠빌라이와 만났던 얘기했지? 그때 쿠빌라이가 고려를 그대로 인정하기로 약속했었잖아. 그런데 이 쿠빌라이라는 인물이 중국 전체를 차지하고, 원나라를 세운 사람이거든. 원나라 입장에서는 최고의 황제였던 거야. 그 최고의 황제가 한 약속이니 깰 수 없다고 고려 사람들이 주장하자 원나라에서도 달리 할 말이 없었지."

"선생님! 그럼 기씨 일가는 또 어떤 사람들이었어요?"

"기씨 일가는 원나라에 공녀로 갔다가 황후의 자리에 오른 기황후 집안을 말해. 기황후는 원나라 황실에 있던 고려인 환관들의 도움을 받아 막강한 세력을 이루었어. 특히 기황후의 아들이 원나라 태자로 봉해진 뒤로는 그 위세가 얼마나 대단했는지 원나라 귀족들도 기황후의 눈치를 볼 정도였대. 그러니

개성 경천사지 십층 석탑 충목왕 때 개성 경천사에 세워졌던 대리석 탑이야. 원나라의 번영과 고려 왕실의 안녕을 기원하며 만들어졌어. 전통적인 탑과 다르게 탑의 재료, 층수, 형태에서 원나라의 영향을 많이 받았어. 높이 13.5m, 국립중앙박물관 소장. 국보.

기씨 집안 사람들은 얼마나 뒤가 든든했겠니? 그들은 제멋대로 행동하며 권세를 부렸는데, 남의 땅을 빼앗거나 남의 아내를 빼앗는 일도 서슴지 않았어."

"어휴, 그걸 가만 내버려 둬요?"

"당시 고려에서는 감히 그들을 말릴 사람이 없었지……. 기씨 집안을 대표하는 사람은 기황후의 오빠인 기철이었는데, 그는 왕도 두려워하지 않았거든. 심지어 기철은 왕을 끌어내리는 데 앞장서기도 했어. 고려의 28대 왕이었던 충혜왕은 행실이 바르지 못해서 툭하면 신하의 부인을 빼앗거나 왕실 여인들을 욕보였어. 마구잡이로 세금을 거두어들이는가 하면, 자신의 마구간을 짓겠다며 백성들의

집을 100여 채나 빼앗아 버리기도 했지. 그런데 하필 이 충혜왕과 기씨 일가는 사이가 몹시 나빴어. 기철은 충혜왕을 끌어내리기 위해 원나라에 '고려 왕은 탐욕스럽고 음탕하니 고려 왕조를 없애고 원나라에 편입시켜 달라'는 상소를 올렸어. 결국 충혜왕은 원나라로 붙잡혀 갔고, 귀양을 가던 도중에 죽음을 맞았어."

"아이구, 기씨들이나 왕이나 어쩌면 하는 짓들이 그 모양일까?"

"아무리 왕이 나쁘다고 고려를 없애 달라는 게 말이 돼? 이런 매국노!"

아이들이 우르르 목소리를 높이자, 주변 사람들이 힐끔힐끔 쳐다보기 시작했다. 용선생은 절에서는 조용히 해야 한다며 아이들을 진정시켰다.

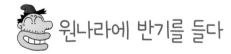

원나라에 반기를 들다

"바로 이런 상황에서 왕위에 오른 공민왕은 당장 나라를 뜯어고쳐야겠다고 결심했어. 무엇보다 권문세족들이 더 이상 횡포를 부리지 못하도록 막는 게 급했지. 더 나아가, 공민왕은 고려를 다시 일으키려면 원나라의 간섭에서 완전히 벗어나는 길밖에 없다고 여겼어."

아이들은 저도 모르게 침을 꿀꺽 삼켰다.

"공민왕은 먼저 정방을 폐지하고 조정의 모든 부서에서 벌어지는 일들을 빠짐없이 보고하도록 했어. 바닥으로 떨어진 왕권을 다시 세우고 중요한 나랏일들을 직접 챙기려는 뜻이었지. 그리고 나라의 기강을 바로 세우기 위해 부정부패를 저지른 관리들을 찾아내 감옥에 가두어 버렸어."

"어머, 희망이 보이네!"

허영심의 반가운 목소리였다.

〈천산대렵도〉
천산에서 사냥을 하고 있는 장면을 그린 그림이야. 공민왕이 직접 그린 그림으로 알려져 있어.

"이후 공민왕은 몽골식 풍습을 금지하고 모든 백성들에게 고려의 옛 풍습을 따르라고 지시했어. 여기에 원나라의 연호까지 폐지해 버리자 기씨 일가 등 부원 세력들은 슬슬 불안해지기 시작했어. 고려가 원나라의 영향력에서 벗어날수록 자신들의 힘은 약해질 수밖에 없었으니까."

"선생님, 근데 원나라가 가만히 보고만 있었나요?"

"공민왕이 이런 개혁을 펼쳐 나가는 데 앞뒤 재지 않고 뛰어든 건 아니었어. 공민왕은 왕이 되기 이전에 원나라에서 지냈던 시절이 있지. 그러면서 원나라가 많은 문제를 안고 있다는 것을 직접 확인했을 거야. 그리고 또 한 번 원나라의 실상을 알 수 있는 일이 있었어. 원나라에서 반란이 일어나서 고려에 군대를 요청한 적이 있거든. 고려에서는 많은 수는 아니지만 몇몇 장군들이 원나라로 가서 반란군 토벌에 참여했지. 이때 유명한 최영 장군도 있었어. 그런데 고려 장수들이 가서 봤더니 원나라 군대가 말이 아니었던 거야. 사기도 떨어졌고, 명령도 잘 전달되지 않고. 오히려 적은 수였지만 고려군이 훨씬 용맹스럽게 싸웠지. 각지에서 반란이 일어나는데도 원나라의 황실과 귀족들은 그저 권력을 차지하는 일에만 매달려 있었고. 이런 상황을 보고 받은 공민왕은 이제 때가 됐다라고 생각했을 거야."

"아하, 알겠다! 원나라가 고려에 신경 쓸 겨를이 없었다는 거죠?"

"그렇지! 공민왕은 원나라가 휘청거리는 틈을 이용해 자신의 뜻을 밀어붙였고, 기철 등 부원 세력의 힘은 점점 줄어들게 됐어. 그러자 불안해진 이들은 아예 공민왕을 죽이려고 했어. 하지만 그들의 계획을 미리 알아차린 공민왕은 한발 앞서 움직였어. 큰 잔치를 열겠다며 기철과 그를 따르던 무리를 초대한 뒤 모두 죽인 거야. 공민왕은 기씨 집안 사람들이 못된 방법으로 모은 땅과 재물을 백성들에게 돌려주었고, 억지로 끌려와 노비가 된 사람들은 모두 풀어 주었어."

나선애의 개념 사전

정동행성 이문소
정동행성 밑에 있던
기구 중 가장 강력한
기구였어. 주로
원나라와 관련된
범죄를 단속하는
일을 했는데 차츰
부원 세력의 이익을
대변하는 일을 하는
곳이 되었지.

"백성들이 엄청 좋아했겠는데요?"

용선생은 신이 난 아이들에게 고개를 끄덕여 주었다.

"이후 공민왕의 개혁은 더욱 과감해졌어. 그는 고려의 내정을 간섭해 온 정동행성 이문소를 없애 버렸고, 원나라가 철령 이북의 땅을 직접 다스리기 위해 세운 쌍성총관부도 공격해 무너뜨렸어. 이로써 고려는 원에 빼앗긴 거나 다름없던 철령 이북 땅을 되찾게 되었지."

눈이 휘둥그레진 곽두기는 이러다 원나라가 쳐들어오는 게 아니냐며 걱정을 하기 시작했다.

"아닌 게 아니라 원나라는 대규모의 군사를 보내 고려를 치겠다며 협박을 했어. 하지만 자기 나라에서 일어나는 반란을 막기에 급

급한 상황이었지. 이러한 사정을 알고 있던 공민왕은 대충 겉으로만 원나라에 충성하는 척했어. 고려와 사이가 틀어져서 좋을 것이 없었던 원나라는 하는 수 없이 한발 물러났지."

장하다는 드디어 원나라의 손에서 벗어나는 거냐며 손을 번쩍 들며 만세를 불렀다. 다시 사람들이 힐끔거리자 창피해진 왕수재가 재빨리 장하다의 팔을 내리며 입을 막았다.

"그런데 말이지, 거침없이 질주하던 공민왕 앞에 엉뚱한 장애물이 등장하고 말았어."

용선생의 목소리에서 심상치 않은 분위기를 감지한 아이들은 너나 할 것 없이 조용해졌다.

공민왕의 영토 수복

공민왕 때 되찾은 영토

원(몽골)

백두산

두만강

압록강

길주

강계

의주

화주(쌍성총관부)

서경

동해

고려

개경

황해

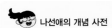

위기에 빠진 공민왕

"1359년, 원나라에서 반란을 일으킨 무리가 고려까지 쳐들어온 거야. 이들은 머리에 붉은 두건을 쓰고 있어서 '홍건적'이라 불렸는데, 원나라 군사들과 싸우던 중 불리해지자 국경을 넘어 고려로 들어온 거였지. 홍건적의 침입에 미리 대비하지 못한 고려는 적잖은 희생을 치른 뒤에야 그들을 물리칠 수 있었어."

"반란군한테 고려군이 잘 싸웠다면서요? 힘도 없는 원나라한테 쫓겨 내려온 반란군한테 왜 그런 거예요?"

"고려에서 원나라에 군대를 보냈을 때도 장수들을 중심으로 해서 소수의 병력만 보냈었어. 사실 고려는 원 간섭기 내내 제대로 된 군대를 만들 수가 없었단다. 군대를 만들면 원나라의 의심을 받기 때문이지. 원나라에서는 우리가 너희 고려를 지켜 주는데 왜 군대를 만드냐, 우리한테 다른 마음을 품은 거 아니냐 하는 식이었거든."

"흥, 정작 필요할 때는 지켜 주지도 않으면서."

"그러게. 고려가 많이 힘든 상황이었군요."

장하다와 왕수재가 투덜거렸다.

"거기서 끝났으면 좋으련만, 2년 뒤인 1361년에 홍건적은 또다시 고려로 쳐들어왔어. 이번에는 무려 10만 명의 군사들을 이끌고 왔지. 홍건적은 순식간에 개경까지 밀고 내려왔고, 공민왕과 노국 공

나선애의 개념 사전

홍건적
중국 대륙에서 원나라의 지배에 반발해 봉기한 한족 집단이야. 이들은 원나라 군대를 피해 두 차례에 걸쳐 고려로 들어왔어.

주는 어쩔 수 없이 여기서 가까운 안동까지 피난을 왔어. 당시 노
국 공주가 개울을 건너려고 하자 안동의 여자들이 나와 허리를 굽
혀 다리를 만들어 줬다는 이야기가 전해지고 있지. 거기서 안동의
전통 민속놀이인 '놋다리밟기'가 시작됐다고 해."

영심은 공주가 개울을 건너는 모습을 떠올리며 고려 사람들이 노
국 공주를 정말 좋아한 모양이라고 생각했다.

"다행히 고려는 그로부터 두 달 뒤, 여러 장수들이 활약한 덕분에
홍건적을 몰아내고 개경을 되찾았어. 그래서 공민왕은 다시 개경으
로 돌아가게 됐지. 개경으로 돌아가는 길에 바로 저기 보이는 현판
을 직접 썼다고 하는구나."

용선생이 무량수전의 현판을 가리키며 말했다.

"그렇지만 고려와 공민왕의 위기는 끝이 아니었어."

"또 무슨 일이 생겼나요?"

안동 놋다리밟기 안동을 비롯해서
경상북도 의성, 전라북도 정읍 등에서도
비슷한 놀이를 해. 정월 대보름에 여자들이
모여서 허리를 굽히고, 공주를 뽑아 등 위에
태우고 노래를 부르면서 걸어가는 놀이야.

"개경을 되찾은 장수들이 서로를 죽이는 비극이 일어났지. 공민 왕 측근 가운데 김용이라는 사람이 있었는데, 그는 개경을 되찾는 데 공을 세운 정세운과 사이가 안 좋았거든. 그래서 공민왕의 편지 를 위조해서 다른 장수들에게 정세운을 죽이라는 명령을 내렸지."

"으 정말 최악이야. 중간에서 사람들 이간질하고. 그런 캐릭터는 정말 최악이에요!"

허영심이 씩씩거리며 말했다.

"김용은 나중에 이 일이 밝혀질까봐 공민왕이 개경으로 돌아왔을 때 흥왕사라는 절에서 공민왕을 죽이려고까지 했어. 홍건적의 침입 으로 궁궐이 불에 타서 고쳐 지을 때까지 흥왕사를 임시 궁궐로 쓰 기로 했었거든. 김용은 부하 수십 명을 이끌고 한밤중에 흥왕사로 쳐들어왔어."

아이들은 침을 꼴깍 삼키며 이야기에 집중했다.

"공민왕을 모시던 환관은 수상한 자들의 침입을 눈치채고 재빨리 왕을 밀실에 숨겼어. 하지만 노국 공주는 왕과 함께 숨지 않고 밀 실 문을 막고 섰어. 원나라의 공주인 자기를 어떻게 하지 못할 것 이다 그렇게 생각한 거지."

"와 멋있다. 내 남자는 내가 지킨다 그런 거였네요."

"고려 사람들이 원나라 공주지만 좋아할 만한 이유가 있었네요."

허영심과 나선애는 사랑의 힘이 위대하다며 노국 공주를 상상했다.

"그러는 사이, 자객들은 왕의 잠자리로 뛰어들었어. 그곳에는 다른 환관 한 명이 왕 대신 누워 있었는데, 자객들은 그를 공민왕으로 착각하고 그 자리에서 죽여 버렸어. 이렇게 해서 노국 공주와 환관들의 도움으로 공민왕은 가까스로 목숨을 건졌고, 소식을 듣고 달려온 군사들에 의해 반란 세력은 모두 진압됐어. 이 일을 꾸민 김용은 사형을 면치 못했지."

"휴, 다행이다."

긴장이 풀린 아이들은 가슴을 쓸어내리며 한숨을 내쉬었다.

"하지만 공민왕의 위기는 거기서 끝나지 않았어. 원나라에서 공

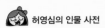

민왕을 폐위하고 공민왕의 삼촌인 덕흥군을 새로운 왕으로 앉히겠다고 했어. 그리고 최유라는 부원 세력을 시켜 고려를 공격하게 했단다. 고려에서 기씨 일가가 몰락한 뒤 공민왕에게 복수할 기회를 노리고 있던 기황후가 꾸민 일이었지."

"원나라나 기황후나 지긋지긋하네요."

"최유는 덕흥군과 함께 군사 1만 명을 거느리고 압록강을 건넜지. 군사 수로만 보면 홍건적의 10만에 비해서 보잘 것 없는 군대였지만, 홍건적은 반란군에 불과했던 데 반해 최유와 덕흥군의 군대는 원나라 황실을 뒤에 업은 군대였거든. 그래서 고려 사람들 중에는 덕흥군 쪽에 붙은 사람들도 있었어. 하지만 공민왕은 최영과 이성계 등을 앞세워 원나라 군대를 물리쳤지. 1만 명 군사들 가운데 원나라로 살아 돌아간 사람이 고작 17명에 불과했다고 하는구나."

아이들은 다시 한번 안도의 한숨을 내쉬었다. 하지만 나선애는 이 다음엔 또 무슨 일이 벌어질지 모르겠다며 불안한 표정을 지었다.

"이 사건 이후, 고려는 원나라의 손아귀에서 완전히 벗어나게 되었어. 기황후 역시 어쩔 도리가 없었지. 원나라도 이미 쇠퇴해져서 고려의 일까지 신경 쓸 수가 없었거든. 그래서 공민왕의 이름에는 '충'자가 붙지 않은 거야. '공민왕'은 나중에 외교 관계를 맺게 된 명나라에서 내려 준 이름이야. 고려 전기처럼 스스로 황제라고 하지는 못했지만, 최소한 원나라의 간섭에서는 완전히 벗어나게 된 거지."

"아, 이제야 진짜 안심이네."

"공민왕도 이제는 발 쭉 펴고 잘 수 있겠네요!"

나선애의 표정도 밝아지고, 장하다는 마치 자신의 일이라도 되는 양 헤벌쭉 웃었다. 그러나 용선생은 난처하다는 표정을 지은 채 턱을 만지작거렸다.

"뭐, 그렇긴 했지. 하지만 얼마 지나지 않아 공민왕은 또 다른 시련에 부딪히고 말았어."

순간, 아이들의 얼굴도 다시 굳어져 버렸다.

신돈을 앞세워 개혁을 추진하다

"공민왕과 노국 공주는 사이가 정말 좋았지만, 결혼한 지 한참이 지나도록 아이가 생기지 않았어. 그러니 왕실의 걱정은 이만저만이 아니었지. 그대로 가다간 다음 왕위를 놓고 치열한 다툼이 벌어질 게 불 보듯 훤했으니까. 그런데 두 사람이 결혼한 지 15년 만에 기적 같은 일이 벌어졌어. 노국 공주가 드디어 임신을 한 거야! 너무나 기뻤던 공민왕은 사형수를 제외한 모든 죄수들을 석방하고, 노국 공주와 아이를 위해 불공을 드렸어. 하지만 공주는 아이를 낳

허영심의 인물 사전

신돈(?~1371)
신돈의 어머니는
옥천사라는 절의
노비였다고 해.
김원명이라는 관리가
공민왕에게 신돈을
소개해 주었는데,
공민왕은 신돈을
보고 자신을 대신해
고려를 변화시킬 수
있는 사람이라고
생각했지.

다가 그만 세상을 떠나고 말았지 뭐야. 큰 충격에 빠진 공민왕은 아무 일도 하지 못하고 밤낮으로 눈물만 흘렸어. 심지어 자신이 직접 그린 공주의 초상화에 음식을 권하기도 했지."

"정말 사랑했었나 봐……."

영심의 눈에 눈물이 그렁그렁 고여 들었다.

"거듭되는 반란과 외적의 침입으로 지쳐 있던 공민왕은 노국 공주까지 잃게 되자 크게 상심할 수밖에 없었지. 노국 공주는 공민왕에게 사랑하는 사람이면서 보호자이기도 하고 정치적 파트너이기까지 했으니까. 공민왕은 노국 공주를 잃고 난 이후에는 신돈이라는 사람을 앞세워 개혁을 해 나갔어."

"어? 원나라의 간섭에서 벗어났으면 개혁은 성공한 거 아닌가요?"

"음. 공민왕이 꿈꿨던 건 원나라의 간섭에서 벗어나는 것으로 끝나는 게 아니었을 거야. 권문세족들이 백성들을 못살게 굴었다고 했지? 공민왕은 권문세족들이 횡포를 부리지 못하게 해서 백성들도 잘 사는 고려를 꿈꿨을 거야. 그래

노국 공주와 공민왕 조선 시대에 지어진 종묘에는 공민왕의 업적을 기리고 제사를 지내기 위한 '공민왕 신당'이 있어. 이곳 신당에 공민왕과 노국 공주를 함께 그린 그림이 모셔져 있어.

서 원의 간섭을 물리치는 것으로 개혁이 끝날 수가 없었던 거지. 그런데 특이한 건 공민왕이 내세운 신돈이라는 사람이 승려였다는 거야."

"네에? 승려한테요? 똑똑한 신하들도 많았을 텐데 왜 하필 신돈한테 나랏일을 맡겼어요?"

왕수재는 아무래도 충격을 받아서 공민왕의 머리가 어떻게 된 것 같다며 혀를 쯧쯧 찼다.

"그건 신돈이 다른 신하들과는 전혀 달랐기 때문이었어. 당시 대부분 권문세족이었던 조정 신하들은 공민왕이 보기에 한편이나 마찬가지였어. 나랏일을 결정할 때도 자기네 이득을 좇으려 들었고, 서로 이리저리 얽혀서는 잘못한 일이 있어도 감춰 주기 바빴지. 하지만 좋지 않은 집안 출신으로 부처의 가르침에 따라 수행하던 신돈은 권문세족들과는 아무런 관련이 없었어. 공민왕이 보기에 자신의 이익을 생각하지 않고 개혁을 추진하기에 가장 적당한 인물이었던 거지."

왕수재는 그런 깊은 뜻이 있었느냐며 머쓱해했다.

"신돈은 공민왕의 지원에 힘입어 고려 사회의 문제점을 하나하나 고쳐 나가기 시작했어. 그가 가장 중요하게 생각했던 건 토지와 노비 문제였지. 그래서 '전민변정도감'이라는 관청을 세워 권문세족들이 부당한 방법으로 빼앗아 간 토지를 백성들에게 돌려주고 억울하게 노비가 된 사람들을 다시 양민으로 되돌렸어. 노비에서 풀려

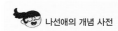

나선애의 개념 사전

전민변정도감
(田民辨正都監)
땅[田]과
노비[民] 문제를
바로잡기[辨正]
위해 설치한 임시
관청[都監]이야.

난 사람들은 '성인이 나타났다!'라며 신돈을 우러러봤고, 땅을 빼앗긴 부자들은 '중놈이 나라를 망치고 있다'며 신돈을 비난했지. 백성들을 위해 시작한 개혁이었지만 이 정책은 왕의 힘을 한층 강하게 만들어 주기도 했어. 재산이 줄어들수록 권문세족들의 힘은 약해질 수밖에 없었으니까. 그리고 양민이 많아지면 그만큼 세금을 내는 사람도 늘어났기 때문에 나라의 재정에도 큰 도움이 됐지."

선애는 공민왕이 사람 보는 눈이 있었던 것 같다며 감탄했다.

"하지만 신돈 혼자서 개혁을 추진한다는 것은 너무나 버거운 일이었어. 아무리 능력이 뛰어나도 한두 사람의 힘만으로 기존의 질서를 무너뜨리고 새로운 질서를 세우기란 쉬운 일이 아니니까. 고민하던 신돈과 공민왕은 개혁에 힘을 보탤 사람들을 길러 내기로 했어. 그래서 성균관을 다시 세우고 성리학 교육을 강화했지. 이 과정에서 고려에는 새로운 세력이 등장하게 됐어. 성리학을 공부한 뒤 과거 제도를 통해 관리가 된 사람들을 '신진 사대부'라고 불렀는데, 이들은 기존의 권문세족들과는 달랐어. 고려 사회의 문제점을 해결해야 한다는 데 적극 찬성했거든."

"우아, 그럼 개혁이 더 잘됐겠네요?"

곽두기의 말에 용선생이 난처한 표정을 지었다.

"그게 말이지, 결국은 권문세족들의 반발 때문에 개혁이 멈추고 말았어. 신돈이 하는 대로 내버려 두면 자신들이 그대로 무너질 게

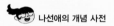

나선애의 개념 사전

신진 사대부
고려 말에 새로이 등장한 개혁적인 관료로 조선이라는 새로운 나라를 여는 데 큰 역할을 담당한 사람들을 말해. 이들은 공민왕 때부터 본격적으로 정치 세력이 되었고 성리학이라는 새로운 학문을 연구했어.

뻔했으니, 권문세족들은 필사적으로 버텼거든. 더구나 신진 사대부들마저 신돈이 나랏일을 도맡아서 하는 걸 비판하고 나서면서 내부적으로 갈등이 심해졌어."

"엥? 신진 사대부가 왜 비판을 해요?"

"워낙에 성리학은 불교에 비판적인 학문이었거든. 성리학을 공부한 신진 사대부들로서는 승려가 나랏일을 좌지우지한다는 것을 인정하기 어려웠던 거야. 그들은 성리학을 익힌 사대부들과 왕이 협력해서 개혁을 해야 한다고 믿었어."

성균관

제 생각에 성리학은 어쩌고 저쩌고~ 블라블라~

어찌 그리 뛰어난가! 자네가 우리나라 성리학을 만든 거나 다름없네!

정몽주

선배님 말씀이 구구절절 다 옳습니다!

야~ 요즘 뜨는 '신진 사대부'는 다 요기있네!

지나가던 개

이색   정도전

아이들은 그제야 고개를 끄덕였다.

"시간이 흐를수록 신돈의 힘은 더욱 커졌고, 힘이 커질수록 그를 싫어하는 사람들도 늘어났지. 어떻게 하면 신돈을 끌어내릴 수 있을까 고민하던 사람들은 자연재해가 많이 일어난다는 것을 핑계 삼아 신돈이 정치를 잘못하고 있다고 비판했어."

왕수재는 말도 안 된다며 피식 웃었으나, 나선애는 옛날 사람들

한테 자연재해만큼 잘 먹히는 것도 없었다며 걱정스런 얼굴을 했다.

"신돈을 감싸기만 했던 공민왕도 슬슬 불안해졌어. 신하의 힘이 걷잡을 수 없이 커진다는 것은 곧 왕의 힘이 약해진다는 것을 의미했기 때문이지. 신돈을 어떻게 처리할지를 놓고 공민왕이 고심하고 있을 무렵, 어떤 신하가 나서서 신돈이 반역을 꾀하고 있다고고 했어. 결국 공민왕은 반역 사건을 빌미로 신돈과 그를 따르던 사람들을 모두 처형하거나 귀양 보내 버렸지."

용선생의 말이 끝나자 짧은 침묵이 흘렀다.

"그렇게 공민왕의 개혁은 끝난 거예요?"

나선애가 아쉬운 표정을 지으며 물었다.

"그 이후에도 약간의 개혁 노력은 있었지만, 이전처럼 과감한 개혁은 이뤄지지 않았지. 그러다 몇 해 뒤인 1374년에 공민왕도 젊은 신하들에게 의문의 죽음을 당하고 말았어."

"그럼 아무런 성과 없이 끝난 거예요?"

"공민왕의 개혁을 아무런 성과가 없다고 하기는 어렵지. 우선 원의 간섭에서 완전히 벗어났잖니. 그리고 신돈이 추진한 개혁은 신돈의 죽음으로 중단되기는 했어도, 이후 개혁이 어떠한 방향으로 나아가야 하는지를 보여 줬지. 또 공민왕과 신돈이 길러 낸 신진

현릉과 정릉
공민왕의 무덤인 '현릉'과 노국 공주의 무덤인 '정릉'이야. 공민왕 때부터 고려 왕의 무덤과 왕비의 무덤이 한자리에 나란히 만들어지게 되었어.

사대부들이 있어. 그들이 이후에 개혁을 이어 나갈 거야. 그러니 공민왕의 개혁이 고려 역사에서 상당히 중요한 의미를 가진다고 할 수 있겠지?"

용선생이 이야기를 끝낼 때쯤 누군가의 배에서 꼬르륵 소리가 났다. 아이들은 모두 장하다를 쳐다봤다.

"도토리묵은 금방 소화된다니까. 이번에는 딴 거 먹으러 가요."

장하다가 멋쩍은 듯 머리를 긁적이며 딴소리를 했다.

"쟤 배에는 뭐가 들었냐?"

"형은 뭘 먹어도 금방 소화되잖아."

"그럼 이번에는 간고등어 먹으러 가요."

"밥 먹은 지 2시간 밖에 안 됐잖아."

아이들이 한 마디씩 하는 동안 나선애는 공민왕과 노국 공주, 신돈과 신진 사대부들을 생각했다.

'노국 공주가 계속 살아 있었으면 어땠을까? 신돈의 개혁이 계속 진행되고, 신진 사대부들도 그 개혁을 도와줬다면 고려는 또 다른 길을 갔을까?'

용선생을 따라 산 아래로 내려가면서도 나선애의 상상은 꼬리에 꼬리를 물었다.

나선애의 정리노트

1. 원 간섭기의 고려 지배층, 권문세족은 누구?

- 넓은 농장을 차지하고 관직을 독점
① 고려 전기부터 내려오는 문벌 귀족 중 일부
② 무신 정권 시기에 등장했거나
③ 원나라 세력을 배경으로 성장한 이들-부원 세력

2. 공민왕의 개혁

① 부원 세력을 몰아냄
② 정동행성 이문소(고려 내정을 간섭하는 기구)를 없앰
③ 쌍성총관부를 없애고 철령 이북 땅을 되찾음
④ 원나라 연호 사용 중지

3. 공민왕의 위기

① 홍건적의 두 차례 침입
② 김용의 공민왕 암살 기도, 원에서 덕흥군을 왕으로 임명
③ 노국 공주의 죽음

4. 신돈은 누구?

① 공민왕이 본 신돈: 욕심 ×, 권문세족과도 관련 ×

　　　　　　　　→ 개혁을 밀어붙이기 딱 좋은 인물

② 신돈이 한 일

- 전민변정도감 설치 : 권문세족들이 빼앗은 토지를 돌려주고 강제로 노비가 된
　　　　　　　　　　　　사람들을 양민으로 되돌림
- 성균관을 다시 세우고 성리학 교육 강화 : 신진 사대부 등용

http://cafe.naver.com/yongyong

용선생의 역사 카페

역사계의 슈퍼스타,
용선생의 역사 카페에
오신 걸 환영합니다

Log in

게시판 ˅

- 역사가 제일 쉬웠어용!
- 이제는 더~ 말할 수 있다!
- 필독! 용선생의 매력 탐구
- 전교 1등 나선애의 비밀 노트

목화 씨앗으로 세상을 바꾸다

문익점은 공민왕이 왕위에 있었던 1360년(공민왕 9년)에 과거 시험에 합격하여 본격적으로 관리 생활을 시작했어. 그러던 중 원나라로 가는 사신이 되어 고려를 떠나 원나라로 들어갔지. 문익점은 원나라에서 생활하고 있었던 고려 왕족인 덕흥군을 따르게 되었어. 하지만 이는 잘못된 결정이었지.

기황후와 원나라 황제는 공민왕을 몰아내고 덕흥군을 새로운 고려 왕으로 삼으려 했어. 원나라에서는 군사 1만 명을 보내 덕흥군을 도왔지. 하지만 결국, 고려군이 승리하여 공민왕은 고려 왕의 자리를 지킬 수 있었어. 반면 덕흥군은 빈손으로 원나라로 돌아가야만 했지. 문익점은 덕흥군이 패배한 후 쓸쓸히 고려로 돌아왔어.

덕흥군을 지지했던 문익점은 고려로 돌아오자마자 곧바로 관직에서 쫓겨났어. 문익점은 고향으로 돌아가기로 결심했지. 마침, 문익점에게는 원나라에서 가져온 목화 씨앗들이 있었어. 고향으로 돌아온 문익점은 정천익과 함께 목화를 시험 재배했어.

처음으로 시작한 목화 재배는 생각보다 쉽지 않았어. 목화를 재배하는 기술을 몰랐기 때문에 싹을 틔운 목화는 거의 다 말라 죽어 버렸어. 정천익이 심은 목화 중에서 겨우 한

그루만이 살아남을 정도였지. 게다가 재배에는 성공했지만 목화에서 실을 뽑는 기술을 알지 못했어. 운이 좋게도 원 나라의 홍원이라는 스님이 정천익의 집을 지나가다가 목화를 재배하는 것을 보았지. 정천익은 홍원 스님을 극진히 대접하면서 목화에서 실을 뽑아내고 옷감을 짜는 기계를 만들어 냈어.

이렇게 목화를 재배하고, 실을 뽑고, 천을 짜는 기술을 모두 습득하면서 목화는 널리 퍼지게 되었어. 목화가 들어오기 전까지 백성들은 얇은 모시나 삼베로 옷을 만들어 입었는데, 목화가 널리 재배되면서 무명이 유행했어. 목화 솜으로 만든 무명은 모시나 삼베보다 훨씬 따뜻하고 질겼거든. 문익점과 정천익의 노력 덕분에 많은 백성들은 보다 따뜻한 겨울을 보낼 수 있게 되었지.

목화솜

목화솜으로 이불 만들기!

참고 영상

 COMMENTS

곽두기 : 어? 그럼 문익점이 몰래 목화씨를 갖고 들어왔다는 이야기는 사실이 아닌가요?

↳ 용선생 : 원나라에서 목화 씨앗과 재배 방법이 나라 밖으로 새어 나가는 걸 법으로 금지해서 문익점이 몰래 숨겨 들어왔다는 건 사실이 아냐. 후대의 사람들이 문익점의 공을 기록하는 과정에서 다소 과장을 한 거야.

한국사 퀴즈 달인을 찾아라!

01 ★☆☆☆☆

공민왕과 결혼한 원나라의 공주 이름이 뭐더라? (   )

① 제국 대장 공주
② 노국 공주
③ 복국장 공주
④ 계국 대장 공주

02 ★★☆☆☆

선애가 원나라 간섭기 때의 고려 지배층을 정리해 봤어.

> 원나라 간섭 이후 새롭게 생겨난 지배층을 (a)이라고 한다. 넓은 농장을 차지하고 관직을 독점했다. 특히 원나라의 힘을 등에 업고 막강한 권력을 휘두른 자들을 (b)이라고 부른다. 대표적으로 원나라 기황후의 오빠인 '기철'이 있다.

친구들이 밑의 박스에서 적절한 단어를 골라서 빈칸을 채워 줘.

부원 세력	신진 사대부	권문세족

a: (   )
b: (   )

도착!

04 ★★★★★

장하다가 고려의 어떤 인물에 대해 소개글을 썼어. 이 인물에 대한 설명으로 옳지 않은 것은 무엇일까? (   )

> 고려의 서른한 번째 왕으로, 왕비는 원나라의 노국 공주야. 이 왕은 원나라의 간섭에서 벗어나기 위해 노력했지.

① 쌍성총관부를 공격해 무너뜨렸다.

② 교정도감을 설치해 자신을 반대하는 사람들을 없앴다.

③ 정방을 폐지하고 부정부패를 저지른 관리를 감옥에 가두었다.

④ 몽골식 풍습을 금지하고 백성들이 고려의 옛 풍습을 따르도록 했다.

03 ★★★☆☆

으악, 공민왕이 불도저로 무언가를 사정없이 밀어붙이고 있잖아? 대체 뭘 저렇게 밀어 버리는 걸까? (   )

 내가 힌트를 주지! 저건 원래 원나라가 왜를 정벌하기 위해 고려에 세웠던 기관이야. 나중에 고려의 정치를 마구 간섭하는 용도로 변했지. 공민왕은 이 기관을 폐지함으로써 원나라의 간섭에서 벗어나고자 했던 거야.

① 야별초   ② 정방
③ 도평의사사   ④ 정동행성 이문소

• 정답은 261쪽에서 확인하세요!

고려 말을 이끈
새로운 실력자들

안팎으로 혼란스럽던 고려 말, 새로 떠오른 실력자들이 있었어.
권문세족을 비판하며 개혁을 주장한 신진 사대부들과
잦은 외적의 침입을 막아 내면서 백성들의 신망을 얻은 무인들이었지.
오늘은 이들의 이야기를 들어 보자.

1366

신돈이
전민변정도감을
설치하다

성균관을
다시
설치하다

1367

최영이
홍산에서
왜구를
무찌르다

1376

화약을 만드는
화통도감을
설치하다

1377

이성계가
황산에서
왜구를
물리치다

1380

이성계가
위화도에서
군사를 돌리다

1388

이색 영정

알고 있는 용어에 체크해 보자!

☐ 신진 사대부 ☐ 성리학 ☐ 최영
☐ 이성계 ☐ 최무선

박물관은 관람객들로 발 디딜 틈이 없었다. 용선생과 아이들은 사람들 사이를 요리조리 빠져나와 '고려 시대 사람들과의 만남'이라는 간판이 붙어 있는 기획 전시실로 향했다. 작은 무대가 마련되어 있는 전시실 안에도 이미 수십 명이 자리를 잡고 앉아 있었다. 용선생과 아이들도 빈자리를 찾아 앉았다.

"선생님, 무슨 전시실이 꼭 공연장처럼 생겼대요?"

"응, 이건 특별 프로그램이거든. 역사 속 인물들이 나와서 자신의 이야기를 하는 건데, 오늘이 바로 고려 후기를 주름잡았던 인물들이 등장하는 날이야."

바로 그때, 전시실 안이 서서히 어두워지더니 고려 시대 관복을 차려입은 남자가 무대 위로 올라왔다.

"여기까지 오시느라 수고가 많았소. 난 이색이라 하오."

점잖은 목소리로 입을 연 남자는 관객들이 멀뚱멀뚱 쳐다보기만

하자, 실망스럽다는 표정을 지었다.

"내 이름을 들어 본 적이 없소? 나 굉장히 유명한 사람인데……."

주위를 둘러보던 용선생이 곽두기의 귀에 대고 무어라 속삭였다. 그러자 두기가 손을 번쩍 들고 큰 소리로 외쳤다.

"저, 알아요! 아저씨는 고려의 성리학자죠?"

"오, 맞소!"

무대 위의 남자는 어린 친구가 제법 똑똑하다며 두기를 향해 엄지손가락을 추켜세웠다.

 ## 새롭게 등장한 개혁 세력

"나에 대해 아는 사람이 많지 않은 것 같으니 우선 내 소개부터 하리다. 난 고려의 문신이자 성리학자인 이색이오. 젊은 시절 원나라로 건너가 그곳에서 성리학을 공부했고, 우수한 성적으로 과거 시험에 합격해 벼슬까지 했었다오. 참고로, 충선왕이 세운 만권당에서 원나라 학자들과 교류했던 위대한 학자 이제현이 바로 내 스승님이라오. 뭐, 자랑하려고 하는 얘긴 아니고, 그냥 그렇다는 거요."

이색(1328~1396)
아버지 이곡의 영향을 많이 받으며 성장했어. 이곡은 원나라 과거 시험에 합격해 중국 학자들과 폭넓게 교류했지. 이색도 고려와 원나라의 과거 시험에 합격해 고려와 원나라에서 관리로 일했어.

여기저기서 "훗" 하고 웃는 소리가 들렸으나 이색은 아랑곳하지 않고 이야기를 이어 나갔다.

"고려로 돌아온 나는 조정에 진출하여 관리가 되었소. 나랏일을 하다 보니 고려 사회가 얼마나 많은 문제점을 안고 있는지가 훤히 보이더이다. 그래서 나는 공민왕에게 상소를 올렸소. 왕은 즉위 초기부터 고려를 개혁하겠다는 의지로 똘똘 뭉쳐 있었기 때문에 내 의견을 적극적으로 개혁에 반영했소. 이때부터 난 공민왕을 도와 나라를 개혁하는 데 힘을 보탰소."

역사반 아이들의 머릿속에 공민왕이 추진한 개혁의 내용들이 하나둘 떠오르기 시작했다.

"이후 공민왕은 신돈을 앞세워 개혁을 추진하면서 성균관을 다시 지으라는 명령을 내리셨소. 그러고는 나를 성균관의 책임자인 대사성으로 임명하셨지. 나는 동료 학자들과 함께 성리학을 가르치고 인재들을 길러 냈소. 이 때 정몽주, 정도전 같은 후배들과 함께 공부하면서 고려 사회를 어떻게 바꾸어 나갈 것인가 고민했었다오. 돌이켜 보면 우리 인생에서 찬란하게 빛나는 시기였던 것 같소."

이색이 잠시 그때를 회상하듯이 먼 곳을 바라보다가 계속 이야기를 이어 갔다.

"우리같이 성리학을 익히고 고려 말의 변화를 이끌었던 이들을 후대 사람들은 '신진 사대부'라고 하더이다. 새롭게 등장한 선비라

개성 성균관 원래 이 자리에는 국자감이 있었어. 국자감은 고려 전기 최고의 교육 기관으로 유학과 기술학을 가르쳤어. 하지만 고려 말 성리학이 들어오면서 그 명칭이 성균관으로 바뀌고 유학 교육만 담당하게 되었지. 이 건물은 조선 시대 때 불타 버린 것을 복원한 거야. 지금은 박물관으로 사용되고 있어.

는 뜻이지요. 그렇게 신진 사대부들이 관직에 나아가면서 고려 조정에는 변화가 생겼다오. 우리 신진 사대부들은 대를 이어 넓은 땅을 차지하고 떵떵거리며 살아 온 권문세족들을 매섭게 비판하기 시작했소. 권문세족들은 자기네 권세를 지키는 일이 먼저였지만, 우리들은 성인의 가르침을 받들어 세상을 잘 이끌어 나가는 것이 가장 중요했소. 성인의 학문을 닦아 과거 시험을 통해 실력을 인정받은 우리 신진 사대부들과 집안의 부와 권세만 믿고 있는 권문세족

이 서로 대립하는 것은 당연한 일이 아니겠소?"

이때 장하다가 손을 번쩍 들었다.

"그럼 신진 사대부들은 집안이 다 안 좋았던 건가요?"

그러자 옆에 있던 왕수재가 답답하다는 듯 "당연한 거 아냐? 집안이 좋으면 뭣하러 힘들게 공부해서 과거 시험을 봤겠냐?" 했다.

이색이 미소를 지으며 다시 입을 열었다.

"아무래도 대농장을 소유한 권문세족보다는 경제적으로 가난한 경우가 많았소. 아버지나 할아버지 대에 향리 출신으로 과거를 봐서 중앙으로 진출한 경우도 많았고. 나 역시도 할아버지는 지방의 향리셨는데, 아버지께서 과거 시험에 합격해 중앙으로 진출했다오. 그렇지만, 관직 생활을 하고 시간이 어느 정도 지나고 나서는 우리 집안도 좀 살만해졌지요. 그런데, 우리 신진 사대부들이 권문세족과 구분되는 중요한 특징은 그런 경제적인 부분도 있지만 무엇보다 우리가 익힌 성리학이오."

 ## 고려의 개혁은 성리학의 가르침대로

"근데 성리학이 뭐예요?"

곽두기가 옆의 용선생에게 조그맣게 속삭였다. 이색은 속삭이는 두기의 이야기를 듣고서 대답했다.

"아주 중요한 질문이구료. 그런 질문은 큰 목소리로 해도 된다오. 고려 말, 그리고 나아가 조선 시대까지 성리학을 빼놓고는 이야기할 수 없으니. 성리학은 유학의 한 흐름이라오. 사람은 저마다 타고난 '성(性)'이라고 하는 본성이 있다오. 그리고 이 세상에는 '리(理)'라고 하는 세상이 움직이는 원리가 있지요. 성리학은 이 '성'과 '리'가 같다고 주장하는 학문이라오."

"사람의 본성이랑 세상 움직이는 게 무슨 상관이에요?"

"사람은 원래 어질고, 의리 있고, 예의를 갖추며, 지혜로운 본성을 타고났다고 하오. 그러니 그런 본성대로 세상이 돌아가면 이상적인 세계가 되지 않겠소? 그런데 세상이 이렇게 혼란스러운 것은 사람들이 그런 본성을 잊었기 때문이오. 그래서 그 본성을 회복하기 위해 공부가 필요한 게지. 물론 여러분이 생각하는 시험 공부는 아니고. 요즘 말로 인격 수양, 도덕 공부 그런 것들이겠지요. 성리학이 어떤 학문인지 알기 위해서는 중국에서 성리학이 만들어질 때를 살펴봐야 하지요."

장하다가 고려의 역사도 어려운데 중국의 역사까지 알아야 하냐고 투덜대자 용선생이 난처한 표정을 지으며 장하다의 입을 막았다.

"중국에서 성리학이 만들어질 때를 살펴보면, 고려에 성리학이 왜 필요했던 건지도 잘 알 수 있을 게요. 그렇게 투덜대지 말고 잘 들어 보시오. 성리학은 중국 송나라 때 만들어졌지요. 당나라 말기부터 송나라 때에 이르기까지 중국 사회는 혼란스럽고, 이민족의 침입도 많이 받게 되었소. 그래서 현실에서 벗어나려고 하는 사상들이 유행했는데, 그중에서도 불교가 가장 크게 유행했지요. 성리학은 이처럼 현실과 동떨어진 사상에 반대하며 탄생했다오. 그래서 이민족의 침입에는 어떻게 대응할 것인가, 귀족들의 횡포는 어떻게 막을 것인가, 불교의 나쁜 점들은 어떻게 개혁해야 할 것인가 등이 성리학에서 다룬 현실 문제라오. 그러면서 동시에 불교와 비슷하거나 그 이상의 수준이 되어야 했소. 당시 불교는 사람 마음의 깊은 곳에서부터 우주가 움직이는 원리까지 눈에 보이지 않는 것들도 설명하고 있었소. 성리학도 자신들의 논리로 눈에 보이지 않는 것들까지 모두 설명할 수 있어야 했지. 그래야 불교 같은 그 이전의 사상들을 이겨 낼 수 있지 않겠소?"

"그럼 다른 유학하고는 어떻게 다른 거예요?"

"아주 좋은 질문이오. 성리학 이전에도 물론 유학은 있었다오. 그런데 그 이전의 유학들은 글짓기 솜씨를 겨루는 데 치중하고 있었지요. 공자와 같은 성인의 말씀이 전해진 건 오래 전이지만, 그 이후에 학자들은 그 말을 인용해서 어떻게 멋있게 글을 쓸까 하는 궁리만 했던 것이라오. 그래서 문장은 화려해졌지만, 그게 세상을 이끌어 가는 데 무슨 도움이 되겠소? 성리학은 공자, 맹자 같은 성인들의 말씀을 다시 해석해서 현실에 도움이 되는 이론들을 만들어 냈던 것이오. 이제 성리학이라는 학문이 어떻게 태어났는지, 이전의 학문들과는 어떻게 다른지 조금 아시겠소?"

곽두기는 할아버지에게서 한문을 배울 때 들었던 비슷한 이야기를 떠올리며 이색이 들려주는 이야기에 더욱 집중했다.

"송나라 때 여러 학자들의 주장을 모아 성리학이라는 학문을 성

《대학》 성리학을 시작하는 사람을 위한 길잡이 책이라고 할 수 있어. 성리학을 공부하는 사람들은 《대학》을 익힌 후에 공자의 말씀을 담은 《논어》, 맹자의 말씀을 담은 《맹자》, 그리고 성리학의 핵심을 정리한 《중용》을 차례로 공부했어.

주희(1130~1200)
중국 송나라 때의
유학자야. 보통 '주씨
선생님'이라는 뜻으로
'주자'라고 많이 불러.
'공자', '맹자' 처럼 말이야.
송나라 때의 새로운
학풍을 집대성해서
성리학이라는 학문을
만든 사람이지. 그래서
성리학을 주자가 만든
학문이라는 뜻으로
'주자학'이라고도 불러.

립한 주희는, 다음과 같은 말을 했소. '배움으로써 성인에 도달할 수 있다.' 이 말은 당시로서는 아주 파격적인 말이었다오. 불교에서는 사람이 전생에 쌓은 업보에 의해 귀한 사람으로 태어날 수도 있고, 천한 사람으로 태어날 수도 있다고 하오. 귀족은 전생에 착하게 살아서 귀족이 되었으니, 그런 귀족의 말을 따르는 것이 당연하다는 얘기가 될 수 있지요. 그런데 성리학에서는 어떻게 태어나느냐가 중요한 게 아니라 공부를 어떻게 하느냐가 더 중요하다고 한 것이오. 공자와 같은 성인의 말씀이 담긴 경전을 하나하나 곱씹어 보면서 읽고 고민해서 자신의 잘못된 행동을 고쳐 나가고, 이런 좋은 행동이 주위 사람들에게까지 영향을 미치게 된다면 그것이 곧 성인에 이르는 것이 아니겠소. 그렇게 성인에 가까운 경지에 이른 사람이 있다면, 당연히 집안 좋은 귀족이 아니라 성인에 가까운 그 사람이 세상을 이끌어 나가야 할 것이오. 그러니 귀족들이 보기에는 무척이나 위험한 사상으로 보였을 게요."

"역시 공부 잘하는 사람이 대우 받는 게 좋은 제도지."

"여기서 말하는 공부는 네가 말하는 시험 공부가 아니라 했잖아."

나선애가 왕수재에게 핀잔을 주자 왕수재는 얼굴이 벌게졌다. 이색은 빙긋 웃으며 말을 이었다.

"사대부들은 성리학을 바탕으로 위로는 귀족들을 공격하고, 아래로는 공부하지 못한 농민들을 이끌며 사회 질서를 주도해 나가려고 했소. 이런 성리학이 고려에 들어오게 된 것이오."

"성리학이 고려에는 어떻게 들어왔어요?"

"유명한 분들이 많이 계셨다오. 안향 같은 분은 고려에 처음으로 성리학을 들여온 분으로 유명하지. 그 이후에 충선왕께서 만권당을 세우셔서 내 스승이신 이제현 같은 분도 큰 역할을 하셨고. 나도 뭐 으흠······."

아이들이 '에이'하며 의심했지만, 이색은 거짓말이 아니라며, 자신이 고려에 성리학이 자리 잡는 데 큰 역할을 했다고 했다.

"성리학이 들어올 때 고려도 송나라와 비슷한 상황이었다오. 외적의 침입이 잦았고, 권문세족들은 대토지를 소유하고서 백성들을 못살게 굴었지요. 고려에서도 불교가 유행하고 유학자들은 글짓기에 몰두하고 있었다오. 특히 불교는 고려의 개혁에 걸림돌이 되고 있었소. 절들이 권문세족과 손잡고서 대토지를 차지하고, 농민들을 대상으로 해서 고리대로 돈을 빌려주고 갚지 못하면 노비로 만드는 것도 보통이었다오. 원나라 황실에 빌붙어 농민들을 수탈하는 절들도 있었지. 이런 상황에서 개혁

고려가 가야 할 길이 이 책 안에 있다!

을 꿈꾸는 사대부들에게 한 줄기 빛과 같은 성리학이 전해진 것이
오. 권세만 믿고 사람들을 못살게 구는 권문세족들의 힘을 약화시
켜서 위로는 임금을 모시고 아래로는 백성들을 이끌어 고려 사회를
개혁하는 것이 우리 신진 사대부들의 꿈이었소. 그렇게 고려를 개
혁해 나간 대표적인 신진 사대부들이 바로 내 후배인 정몽주나 정
도전 같은 사람들이었다오. 이들에 의해 고려의 정치는 크게 요동
치게 되었지요."

　이색의 말이 끝나자마자 조명이 꺼졌다. 다시 조명이 켜졌을 땐
갑옷으로 무장한 사람이 서 있었다.

왜구의 침략에 맞선 고려의 버팀목, 최영

"나는 최영 장군이오. 만나서 반갑소."

커다란 체구와 떡 벌어진 어깨에서 늠름한 무장의 기운이 흘러넘치는 사람이었다. 그는 희끗희끗한 수염을 한 번 쓰다듬고는 다시 입을 열었다.

"개혁이라…… 다 좋소. 하지만 신진 사대부들은 지금 고려가 어떤 상황에 처해 있는지를 제대로 파악하지 못하고 있소! 하루가 멀다 하고 외적이 침입하여 백성들이 고통을 겪고 있는 판국에 입으로만 떠드는 개혁이 다 무슨 소용이오? 지금 우리 고려에 가장 필요한 것은 개혁이 아니라 힘이오, 힘!"

최영이 팔을 치켜들며 주먹을 불끈 쥐자 장하다는 자기도 모르게 고개를 끄덕였다.

"무신이라 이런 소릴 한다고 생각할지 모르겠지만, 사실 난 고려에서 손꼽히는 문신 가문 출신이라오. 그런데도 내가 무장의 길을 걷게 된 건 안팎으로 위기에 처한 고려를 지키기 위해서였소. 다들 아시겠지만, 공민왕이 다스리던 시기에 홍건적이 쳐들어와 고려를 쑥대밭으로 만든 적이 있었소. 그 이후엔 원나라 군사들이 쳐들어오기도 했고. 그들 말고도 우리 고려 백성들을 괴롭히던 적이 또 있었는데, 바로 왜구였소. 이들은 걸핏하면 쳐들어와 백성들을 불

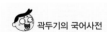 **곽두기의 국어사전**

왜구
'일본 도적'이란 뜻이야.

안에 떨게 만들었지. 1377년에는 무려 50번이 넘게 쳐들어오기도 했다오."

"컥, 그럼 한 달에 네 번 이상 쳐들어왔다는 소리잖아?"

왕수재가 황당하다는 듯 내뱉자 장하다는 어떻게 그렇게 빨리 계산을 했냐며 신기해했다.

"배를 타고 고려에 쳐들어온 왜구들은 주로 식량을 노렸소. 처음에는 개경으로 보낼 곡식을 실은 배들을 공격하거나 곡식을 쌓아 두는 창고를 공격했지만, 시간이 흐를수록 육지 깊은 곳까지 쳐들어와 약탈을 했지. 세금을 실은 배가 공격당하는 바람에 나라의 재정은 바닥을 보일 지경에 이르렀고, 왜구의 손에 목숨을 잃은 백성들의 수는 헤아릴 수가 없었다오. 게다가 그들은 고려 백성들을 자기네 나라로 끌고 가기도 했소. 노예와 일꾼으로 쓰기 위해서였지."

눈살을 찌푸린 채 듣고 있던 사람들은 대체 왜 바다 건너까지 와서 남의 나라를 괴롭히는 거냐며 투덜거렸다.

"당시 일본은 남쪽의 조정과 북쪽의 조정으로 갈려 서로 대적하고 있는 상황이었소. 전국 각지에서 전쟁이 끊이지 않는 바람에 식량을 비롯한 각종 물자가 부족해지자, 무사와 농민들은 가장 가까운 곳에 있는 고려로 눈을 돌렸소. 그리고 고려 또한 자기네 나라 못지않게 혼란스럽다는 사실을 알게 되자 내륙 깊숙한 곳까지 쳐들어와 약탈을 거듭한 거라오."

여기저기서 탄식이 터져 나왔다. 최영은 당연한 반응이라는 듯 고개를 까딱해 보이고는 다시 설명을 이어 나갔다.

"왜구의 침입이 계속되자 고려 조정에서는 항복하는 왜구들은 고려에 정착해서 살 수 있도록 해 줬다오. 왜구를 잘 달래 보려고 했던 게지. 하지만 이 방법은

왜구 한반도와 중국 해안 일대를 약탈했던 일본 해적을 부르는 말이야. 주로 규슈 지방과 쓰시마섬에 살았던 일본인들이었어. 왜구는 고려 말에 빈번히 침입하여 나라의 큰 골칫거리가 되었지.

그다지 효과가 없었다오. 그래서 이번에는 일본 정부와 직접 만나 왜구 문제를 해결하려고 했소. 이 방법 역시 큰 효과는 없었지만, 대신 일본 규슈 지방에 사신으로 갔던 정몽주가 포로로 잡혀갔던 고려 백성 수백 명을 데리고 오는 성과를 거두었다오."

"저기, 장군님! 그럼 왜구의 침입이 줄어들지 않았다는 건가요?"

나선애가 손을 들어 올리고 물었다.

"줄어들기는커녕 오히려 더 자주 쳐들어왔소! 결국 조정에서는 왜구와 맞서 싸우기로 했고, 이때부터 무인들의 활약이 두드러지

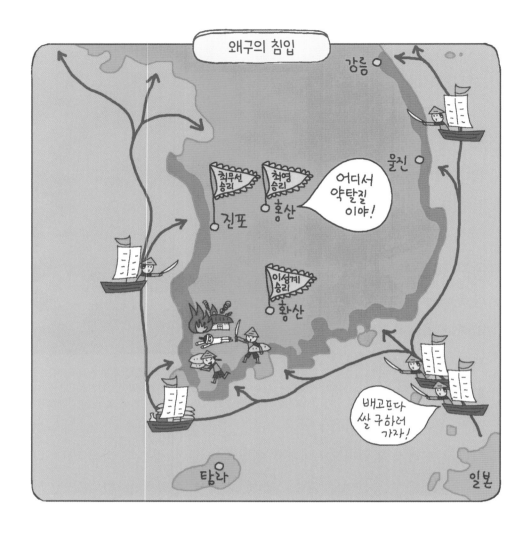

게 되었소. 나 역시 수많은 전투에 참여했는데, 가장 기억에 남는
건 1376년 여름에 벌어진 전투라오. 당시 많은 수의 왜구가 쳐들어
와 부여를 침공하고 공주를 함락한 일이 있었소. 나는 군사들을 이
끌고 왜구가 진을 치고 있는 홍산으로 갔다오. 그곳은 3면이 절벽
이고 길이 하나밖에 없는 곳이었는데, 우리 군사들은 왜구가 몰래

숨어 있을까 두려워 그 누구도 나아가려 하지 않았소. 그 모습을 보니 정말 화가 치밀어 오르더군. 그래서 난 앞장서서 적진을 향해 달려갔소. 바로 그때, 숲속에 숨어 있던 왜구가 화살을 쐈는데, 하필이면 내 입술에 맞았지 뭐요."

깜짝 놀란 사람들이 술렁거렸다. 곽두기는 자기도 모르게 손으로 입을 가렸다.

"하지만 난 태연히 활을 당겨 나를 쏜 녀석을 명중시켰소. 그는 절벽 아래로 굴러떨어졌고, 나는 입술에 꽂힌 화살을 뽑았지. 그 광경을 지켜본 왜구들은 기가 확 꺾이고 말았다오. 뒤이어 우리 군은 무시무시한 기세로 공격을 퍼부었고, 저항하던 왜구들은 낙엽

처럼 우수수 계곡 아래로 떨어져 버렸소. 우리 고려군의 완벽한 승리로 끝난 이날의 전투를 '홍산 대첩'이라 하오. 이때부터 왜구들은 내 이름만 들어도 벌벌 떨었다고 하더이다."

최영의 말이 끝나자 사람들은 누가 먼저랄 것도 없이 손뼉을 치기 시작했다.

"나는 전국 각지에서 들끓던 왜구를 무찌르며 왕실과 백성들의 믿음을 얻게 되었다오. 그렇게 고려의 명장으로 우뚝 서고 나니 공민왕의 아들이자 고려 32대 왕이었던 우왕은 나에게 딸을 달라고 조르기 시작했소. 아마도 왕은 나를 버팀목으로 삼아 왕권을 유지하고 싶었던 모양이오. 나는 결국 왕의 장인이 되었고, 고려 왕실을 보호하기 위해 더욱 많은 노력을 기울였다오."

최영이 다시 한번 수염을 쓰다듬고는 말을 이어 나갔다.

"공민왕 때부터 서서히 두각을 나타내기 시작한 우리 무인 세력은 왜구가 날뛰던 우왕 때 이르러 크게 성장했다오. 나 외에도 여러 장수들이 이때 큰 명성을 얻었는데, 가장 대표적인 인물이 바로 이성계라오."

최영은 그때를 떠올리는 듯, 시선을 돌려 먼 곳을 바라보았다.

조명이 서서히 어두워지기 시작했다.

정지 장군 갑옷(복원) 고려의 정지 장군이 왜구를 물리칠 때 착용한 경번 갑옷을 복원한 거야. 경번 갑옷이란 철편이나 가죽을 쇠고리로 연결해 만든 갑옷을 말해.

이성계, 새로운 영웅으로 떠오르다

"이번에는 이성계가 나오려나 봐."

조명이 밝아지자 이번에는 갑옷 위에 동물 모피를 걸친 남자가 서 있었다. 최영보다 20살은 젊어 보였다. 자신만만한 표정으로 사람들을 둘러본 그는 이를 드러내며 씩 웃었다.

"나는 변방 출신의 무장 이성계요. 내가 태어난 곳은 쌍성총관부 지역인데, 이 지역은 원래 고려의 땅이었소. 그러다 쌍성총관부가 설치되면서 원나라의 지배를 받게 되었소. 우리 집안은 대대로 쌍성총관부의 관리로 일하며 힘을 키워 나갔소. 그러던 어느 날, 공민왕께서 쌍성총관부 지역을 되찾겠다는 의지를 밝히셨소. 쌍성총관부의 관리였던 내 아버지 이자춘은 공민왕의 편에 서기로 결심했다오. 고려로서는 든든한 지원군을 얻은 셈이었소."

말을 멈춘 이성계는 헛기침을 하더니 다시 입을 열었다.

"결국 고려는 쌍성총관부 지역을 되찾는 데 성공했소. 공민왕은 내 아버지의 공을 높이 사 고려의 벼슬을 내려 주었소. 부지런히 무예를 갈고닦은 나는 홍건적이 두 번째로 쳐들어왔던 1361년에 앞장서서 그들을 물리쳤다오. 이듬해인 1362년에는 원나라 장수 나하추의 침입을 물리쳤고, 1364년에는 덕흥군을 앞세우고 온 최유의 군대에 맞서 싸웠소. 또 이 혼란한 틈을 타서 여진족들이 동북면에 침입하

쌍성총관부

원

백두산

두만강

압록강

천리장성

쌍성총관부

서경

개경

고려

여 함주(함흥)를 함락시켰지만, 나는 그들을 모조리 격퇴해 버렸지."

사람들은 숨을 죽인 채 이성계의 말에 귀를 기울였다.

"이렇게 전투마다 승리로 이끌며 내 이름은 널리 알려지기 시작했소. 그 무렵 고려에는 왜구가 들끓었는데, 특히 곡식이 많이 나는 남부 지방의 피해가 극심했다오. 이들을 소탕하기로 결심한 나는 군사들을 이끌고 지리산 근방에 있는 황산으로 갔소. 당시 왜구를 지휘하고 있던 장수는 '아지발도'라고 하는 소년 장수였는데, 그의 용맹함은 이미 고려에서도 유명했다오. 나이는 고작 15세 정도밖에 되지 않았지만 감히 대적할 만한 사람이 없을 정도였으니까. 게다가 그는 언제나 크고 화려한 갑옷을 입고 튼튼한 투구를 쓰고 있었기 때문에 고려군이 아무리 화살을 쏘아도 끄떡없었다오. 나는 아지발도만 쓰러뜨리면 왜구의 사기를 떨어뜨릴 수 있으리라 생각했소. 그래서 그의 투구를 향해 화살을 날렸소."

이성계는 손으로 화살을 쏘는 시늉을 했다. 역사반 아이들은 주먹을 꼭 쥔 채 침만 꼴깍꼴깍 삼켰다.

"바람을 가르고 날아간 화살은 아지발도의 투구 꼭지를 정확히 맞혔고, 그 순간 투구가 땅으로 떨어졌소. 바로 그때, 이지란이 쏜 또 한 발의 화살이 아지발도의 얼굴에 명중했고 소년 장수는 그 자리에서 목숨을 잃고 말았소. 당황한 왜구가 우왕좌왕하는 사이, 우리 군사들은 왜구를 사방에서 공격하여 큰 승리를 거두었다오. 왜구들의 시체가 산과 들을 뒤덮었고, 포로로 잡힌 왜구의 수는 무려 6천 명이 넘었소. 우리가 빼앗은 말의 수도 1,600여 필에 이르렀지."

"우아!"

사람들이 함성을 지르고, 잔뜩 흥분한 장하다는 옆에 앉은 곽두기를 끌어안았다.

"이 전투를 '황산 대첩'이라고 한다오. 이때부터 나는 고려의 새로운 영웅으로 떠올랐다오. 물론 내 후손들이 내 업적을 조금 과장하기는 했지만, 그래도 당시 고려 사람들 사이에서 내 인기가 높았던 것은 사실이라오. 더 높은 벼슬자리에 오르게 된 이후에는 신진 사대부들과 함께 고려의 개혁에 앞장서기도 했다오."

역사반 아이들은 글공부만 하던 사람들과 전쟁터만 휩쓸고 다닌 사람의 입장이 어떻게 비슷할 수 있느냐며 고개를 갸웃거렸다.

"사실 우리에겐 두 가지 공통점이 있었소. 배경이 아닌 실력만으로 중앙에 진출했다는 점, 권문세족으로 인해 뜻을 펼치지 못했다는 점이 바로 그것이오. 이색 선생 얘기도 들었겠지만, 신진 사대부들은 성리학을 배워 뜻을 펼쳐 보려고 했소. 그런데, 권세와 부를 가진 권문세족들은 신진 사대부들의 개혁에 반대를 했지. 나 역시도 나라에 공을 세웠다고는 하나, 변방 출신이라는 약점 때문에 조정에서 출세하는 데에 한계가 있었다오. 그렇지만 신진 사대부들은 나라를 개혁할 사상을 가졌고, 나는 그들을 지켜 줄 힘을 가졌던 것이오. 그러니 우리가 손을 잡는다면 권문세족과 한번 붙어 볼 만하지 않겠소?"

순간, 사람들이 술렁이기 시작했다.

이성계의 칼 이성계가 사용했다고
전해지는 칼이야. 전체 길이는 146cm로 칼
손잡이에 용머리가 조각되어 있어.

"그 이후에도
나의 이야기는 계속되지만, 오늘은 이만하고
대신 다른 분을 소개……."

바로 그때 '탕, 탕, 탕' 하는 소리가 울려 퍼졌다. 뒤이어 관복을
입은 남자가 무대 위로 올라왔다. 이성계는 기다리고 있었다며 그
를 무대 중앙으로 이끌었다.

"이분은 화약을 개발하신 최무선 장군이오."

최무선이 허리를 굽혀 인사하자 사람들은 얼떨결에 손뼉을 쳤다.
이성계는 헛기침을 한 번 하더니 설명을 시작했다.

천하무적 함포, 왜구를 무찌르다

"왜구를 물리치는 데 큰 도움이 된 것이 바로 화약이었소. 이 무
렵 고려에서는 화약을 이용한 새로운 무기가 많이 개발되었는데,

화살이나 칼, 창 등과는 비교할 수 없을 만큼 월등한 성능을 자랑했던 탓에 왜구들을 혼비백산하게 만들었다오."

들고 있던 사람들은 고려 시대에 화약이 있었느냐며 고개를 갸웃거렸다. 그러자 이번에는 최무선이 입을 열었다.

"화약은 송나라 때 처음으로 만들어졌습니다. 하지만 고려에서는 화약을 수입하기만 할 뿐 직접 제조하지는 못했지요. 화약 제조법은 나라의 기밀에 속했기 때문에 쉽게 알기 어려웠던 것입니다."

이때 이성계가 슬쩍 끼어들었다.

"그러나 혜성같이 등장한 최무선 장군 덕분에 우리 고려에서도 화약을 제조할 수 있게 되었다오."

최무선은 쑥스러운 듯 잠시 어색한 미소를 지었으나, 이내 이야기를 이어 나갔다.

"저는 왜구의 침입을 겪으면서, 그들을 무찌르기 위해서는 아주 강력한 무기가 필요하다는 사실을 깨닫고는 본격적으로 화약 만드는 방법을 연구하기 시작했지요. 하지만 결국 난관에 부딪히고 말았어요. 화약은 유황과 숯, 그리고 염초라는 것을 일정한 비율로 섞어서 만들어야 하는데, 이 염초를 만들어 낼 수가 없는 거였어요. 실패를 거듭하던 끝에 중국 상인들이 드나들던 항구를 찾아가 보기로 결심했지요. 혹시 중국 상인들 중에 그 방법을 아는 사람이 있을지도 모른다는 기대 때문이었습니다. 그렇게 항구를 헤매고 다

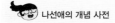

나선애의 개념 사전

염초
화약을 만드는 데 핵심이 되는 원료로, '질산 칼륨'을 말해.

니던 어느 날, 중국 남쪽에서 온 '이원'을 만나게 됐지요. 놀랍게도 그는 염초 만드는 방법을 알고 있었어요! 저의 끈질긴 부탁에 마음이 움직인 그는 결국 염초 만드는 방법을 가르쳐 주었고, 저는 수많은 시행착오 끝에 가까스로 화약을 만드는 데 성공했습니다."

"우아, 진짜 대단하다!"

사람들은 최무선의 끈기와 노력에 탄성을 질렀다.

"저는 조정에 화약과 화약 무기 제조를 담당하는 관청을 만들어 달라는 상소를 올렸습니다. 제 건의를 받아들인 조정에서는 1377년에 '화통도감'을 만든 뒤, 저를 총책임자로 임명했지요. 이때부터 고려에서는 화약을 대량으로 생산하기 시작했고, 저는 화약을 발사하는 '화포'를 비롯한 여러 무기를 만들었습니다. 그러다 1380년 8월, 금강 어귀에 있는 진포에 또다시 왜구가 쳐들어온 겁니다. 무려 1만 명도 넘는 왜구가 500척의 배를 타고 왔다는 소식을 들은 조정에서는 이번 기회에 새로운 무기를 사용해 보기로 결정했어요. 저는 100척의 배에 화포를 실은 뒤 진포로 갔습니다."

"아니, 500척이 쳐들어왔는데 고작 100척을 보냈다는 거예요?"

사람들은 너무한 거 아니냐며 볼멘소리를 했다. 그러나 최무선은 씩 미소를 지었다.

"수적으로는 왜구가 훨씬 우세했지만, 실제 전투에서는 우리 고려군이 압도적으로 우세했어요. 왜구의 배를 빙 둘러싼 채 화포를 쏘아 대자 500척의 배가 순식간에 가라앉아 버렸지 뭡니까."

놀란 사람들 중에는 입이 헤벌어진 이들도 있었다.

"당시 배에 있던 왜구들은 불에 타 죽거나 물에 빠져 죽었고, 이미 육지에 올라가 있던 왜구들은 우리 고려군의 손에 목숨을 잃었답니다. 이 전쟁을 '진포 대첩'이라 하는데, 우리 역사상 최초로 함포를 이용한 해전이었지요."

그러자 이성계가 기다렸다는 듯이 끼어들었다.

"함포는 배에 설치한 화포를 말하는 것이오. 원래 화포는 육지에서 사용하는 무기인데, 최무선 장군은 화포를 배에 설치했다오."

사람들 사이에서 저절로 박수가 터져 나왔다.

"3년 뒤인 1383년에 왜구는 또다시 120척의 배를 이끌고 남해 관음포에 침입했지만, 이 해전에서도 함포를 앞세운 고려군은 빛나는 승리를 거두었지요. 자신감을 얻은 고려는 1389년에 아예 쓰시마섬에 쳐들어가 왜구의 배 300여 척을 불태우고 잡혀갔던 고려 백성들을 구출해 왔답니다. 이 일을 계기로 해서 왜구의 침입이 크게 줄어들게 됐지요."

최무선이 말을 마치자 사람들은 큰 박수를 보냈다. 이성계와 최무선이 함께 인사를 하자 박수 소리는 더욱 커졌고, 둘의 퇴장과 동시에 '고려 시대 사람들과의 만남'은 모두 끝이 났다. 사람들은 저마다 소감을 주고받으

최무선 추모비 최무선을 기리기 위해 경상북도 영천시 교촌동에 세운 비석이야.

며 자리에서 일어섰다.

"난 사실 고려가 걱정됐었는데, 최영과 이성계 같은 사람들을 보니까 좀 안심이 되네."

허영심의 말에 왕수재가 아는 척을 했다.

"원래 영웅은 난세에 나온다고 하잖아."

평소 같았으면 잘난 척하지 말라고 눈을 흘겼을 영심이지만, 이번만큼은 그 말이 맞는 것 같다며 생글 웃었다.

"선생님, 그럼 이제 고려는 위기에서 벗어나게 된 거죠?"

곽두기의 질문에 모두 용선생을 바라보았다. 그러나 용선생은 고개를 저었다.

　"비록 영웅들이 대활약을 펼치긴 했지만 고려의 상황은 여전히 혼란스러웠어. 그 이야긴 다음 시간에 들려줄게. 자, 박물관 문 닫기 전에 고려 시대 유물이나 구경하러 갈까?"

　용선생의 말이 끝나자마자 아이들은 곧장 자리를 박차고 일어나 너 나 할 것 없이 뛰기 시작했다. 멀뚱히 앉아 있던 용선생은 아이들의 뒷모습을 바라보며 혼잣말을 했다.

　"애들아…… 그냥 걸어가면 안 될까?"

그럼
6권에서
계속!

나선애의 정리노트

1. 신진 사대부들의 등장

- 성리학을 익힌 사람들
- 공민왕 때 성균관을 통해서 등장
- 권문세족과 불교를 비판하면서 고려 말 개혁을 이끌어 감

2. 성리학이란?

① 언제 만들어졌나? → 중국 송나라 때, 기존의 유학과 불교를 비판하면서

② 기존의 유학이나 불교와 어떻게 다른가? → 현실 문제 고민

③ 성리학을 공부하는 이유는? → 열심히 공부해서 세상을 잘 이끌어 가기 위해

④ 고려 말에 유명한 성리학자는? → 안향(성리학 수입), 이제현(만권당),

이색(성균관), 정몽주·정도전(고려 말 개혁가들)

3. 고려 말의 대표적인 무인들

	최영	이성계
출신	명문가 출신	변방 출신
특징	우왕의 장인이자 재상	신진 사대부와 손을 잡음
대표적인 전투	홍산 대첩	황산 대첩

4. 최무선

- 혼자서 화약을 만드는 방법 연구
- 이원에게 염초 만드는 방법을 배운 뒤 화약 만드는 데 성공
- 화약과 화약 무기 제조를 담당하는 '화통도감' 총책임자가 됨
- 함포를 이용한 해전에서 큰 승리를 거둠(진포 대첩)

http://cafe.naver.com/yongyong

게시판 ∨

- 역사가 제일 쉬웠어용!
- 이제는 더~ 말할 수 있다!
- 필독! 용선생의 매력 탐구
- 전교 1등 나선애의 비밀 노트

이성계의 조상이
북쪽으로 간 까닭은?

이성계 조상들의 고향은 원래 전라도 전주 지방이었어. 그런데 이성계의 고조할아버지인 이안사는 전주 지방의 관리와 다툼이 생기자 고향을 떠나 이주를 해야 했어. 그렇게 정착한 곳은 강원도 삼척. 그런데 불행히도 전주 지방의 그 관리가 강원도 삼척으로 부임해 온 거야. 이안사는 북쪽의 덕원부(의주)에 정착했다가 다시 두만강 근처로 이주했지.

그 당시 두만강 근처는 몽골의 영향력 아래에 있었고, 고려인들과 여진족들이 많이 살고 있었어. 이안사는 자신을 따라온 170여 가구와, 그곳에 살고 있던 고려 사람들의 우두머리가 되었어. 그러다가 몽골로부터 '천호'와 '다루가치'라는 벼슬을 받았지. 천호는 1천 명을 거느리는 군사 지휘관을 말해.

하지만 고향을 떠나 새로운 지역에 정착하는 건 쉽지 않은 일이었어. 이성계의 증조할아버지인 이행리는 두만강 하류 지방에 살고 있던 여진족들과의 다툼에 휘말렸고 결국 또다시 이주를 해야 했어. 이행리는 다시 남쪽으로 내려와 의주 지역으로 돌아왔고, 그 아들이자 이성계의 할아버지인 이춘은 근거지를 지금의 함흥 지방으로 옮겼어. 이춘과 그의 아들 이자춘은 원나라의 쌍성총관부가 설치된 지금의 함흥, 영흥 지역의 실력자가 되었지. 재미있는 점은 미국 교포들이 영어식 이름을 갖고 있는 것처럼 이춘, 이자춘도 몽골식 이름이 있었다는 거야. 원나라의 지배를 받았던 쌍성총관부 지역에 오래 살면서 생긴 변화였지. 이춘의 몽골 이름은 '부얀 테무르'였고 이자춘의 몽골 이름은 '울루스 부카'였어.

공민왕이 쌍성총관부 지역을 다시 찾으려 했을 때, 이 지역 실력자의 도움이 필요했어. 이자춘은 아들 이성계와 함께 공민왕을 만나 도움을 약속했어. 그리고 고려가 쌍성총관부 지역을 다시 찾는 데 큰 힘을 보태 주었지.

공민왕은 큰 공을 세운 이자춘과 아들 이성계를 개경으로 불러들여 벼슬을 주었어. 이후 이성계는 고려 말기의 주요한 무인 세력으로 성장하게 돼.

COMMENTS

🐛 장하다 : 그럼 이성계는 원나라 관리의 아들로 태어나 고려의 관리가 된 거군요. 인생이 참 파란만장하네요.

↳ 🐝 용선생 : 흥미로운 사실을 하나 더 말해 줄게. 무신 정변을 일으킨 이의방 기억나지? 이의방에게는 '이인'이라는 동생이 있었는데, 이인이 바로 이안사의 할아버지야.

한국사 퀴즈 달인을 찾아라!

달인을 찾아라!

출발!

01 ★☆☆☆☆

고려 말에는 일본에서 배를 타고 고려로 쳐들어온 '이 사람들' 때문에 고려 백성들의 생활이 힘들어졌어. 그런데 '이 사람들'을 뭐라고 불렀더라? (   )

① 외구   ② 왜구
③ 호구   ④ 왜곡

02 ★★☆☆☆

고려 말 성리학자와 무인 세력들이 각각 모임을 열었어. 그런데 딱 한 사람이 자기 모임이 아닌 엉뚱한 모임으로 갔지 뭐야! 그 사람이 누군지 찾아 줄래? (   )

성리학자	무인 세력
나라를 개혁할 방법을 고민해 봅시다!	외적을 물리칠 방법을 고민해 봅시다!
참석자 : 이색, 정도전, 정몽주	참석자 : 최영, 이성계, 안향

03 ★★★☆☆

저길 봐! 최영 장군이 왜구가 쏜 화살에 맞아 입술에서 피가 철철 나고 있어! 하지만 최영 장군은 당황하지 않고 도리어 그 왜구를 쏘아 명중시켰다고 해. 이 전투 이후로 왜구들은 최영 장군의 이름만 들어도 벌벌 떨었다지? 이 전투를 뭐라고 부를까? (   )

① 홍산 대첩   ② 황산 대첩
③ 진포 대첩   ④ 귀주 대첩

흥! 이까이꺼!

04 ★★★☆☆

밑줄 친 '이것'에 대한 설명으로 옳은 것은 무엇일까? (   )

> 고려의 최무선은 수많은 시행착오 끝에 '이것'을 만들어 냈어. 이후 고려는 '이것'을 이용해 왜구를 크게 물리칠 수 있었지.

① 이것은 화약이야.

② 중국 당나라에서 처음 만들어졌어.

③ 고려는 이것을 담당하는 관청으로 전민변정도감을 만들었어.

④ 고려는 귀주 대첩에서 이것을 처음 사용해 왜구를 물리쳤어.

05 ★★★★★

아이들이 권문세족과 성리학자에 대해 이야기를 나누고 있어. 그런데 딱 한 아이가 엉뚱한 소리를 하고 있네. 그 아이의 번호는?

(   )

 ① 권문세족은 넓은 농장을 만들고 관직을 독점하는 등 최고의 지위를 누렸어.

 ② 고려 말에 혜성처럼 떠오른 세력이 바로 성리학자야.

 ③ 성리학자들은 열심히 학문을 닦아 실력으로 인정받은 사람들이었지.

 ④ 신진 사대부들의 출신은 다양했지만, 성리학을 통해 고려를 개혁하고자 하는 마음은 다 같았어.

 ⑤ 신진 사대부들과 권문세족은 부딪칠 때도 많았지만, 대개는 모두 다 같이 고려를 개혁하는 데 힘썼지.

달인 트로피

• 정답은 261쪽에서 확인하세요!

이성계의 숨결을 품은
남원과 구례를 가다

떠나 볼까?

용선생 현장 강의

봄부터 가을까지 사방에서 꽃이 피고 지는 전라북도 남원과 전라남도 구례에 왔어. 이곳은 지리산과 섬진강이 만들어 낸 자연 경관이 일품이야. 함께 남원과 구례로 떠나 보자!

남원 광한루원

전라북도 남원에 있는 광한루원(사적)은 조선 시대에 만들어진 정원이야. 이곳엔 광한루(보물)라는 누각이 있는데, 1419년 황희 정승이 남원에 유배왔을 때 지은 것으로, 원래 '광통루'라고 불렸어. 이후 1444년 정인지가 달나라의 옥황상제가 사는 궁궐처럼 경치가 좋아 '광한루'라고 이름을 바꿔 불렀대. 밤이면 곳곳에 조명이 켜지니 산책하기에 너무 좋겠지?

광한루와 오작교 광한루원의 호수에는 떨어져 있던 견우와 직녀가 일 년에 단 한 번 만날 수 있었던 다리에서 이름을 따온 오작교가 있어.

남원 춘향제　매년 음력 4월 8일이면 광한루와 시내 곳곳에서 춘향제가 열려. 춘향제는 1931년에 처음 시작되어 남원의 큰 지역 행사로 자리 잡았어.

월매집　소설 《춘향전》에서 춘향이가 살던 집을 재현한 곳이야. 이곳에서 춘향이는 이몽룡과 평생 함께하기로 약속했어.

광한루는 조선 시대 한글 소설 《춘향전》에서 이 도령이 그네 타는 춘향을 보고 첫눈에 반해 버린 장소로도 유명해. 실제로 광한루원에 가면 춘향이가 살던 집과 타던 그네 등이 재현되어 있는 걸 볼 수 있어. 그리고 광한루원에선 매년 춘향의 얼을 기리는 춘향제가 열리는데 창극 〈춘향전〉, 춘향선발대회, 그네뛰기, 용마놀이 등의 다양한 행사를 즐길 수 있지.

남원 황산 대첩비지

광한루원에서 차로 30분 정도 이동해 황산 대첩비지(사적)에 들렀어. 고려 말 이성계는 이곳 황산에서 부하 이지란과 함께 왜구의 적장 아지발도를 처단하고 크게 승리했지. 훗날 황산 대첩을 승리로 이끈 이성계의 업적을 기리기 위해 이곳에 황산 대첩비를 세웠대.

파괴된 황산 대첩비　일제 강점기 때 일본인에 의해 파괴되었어. 지금은 그 자리에 새로운 비석이 세워져 있고, 부서진 비석은 파비각에 보관되어 있어.

구례 산수유 마을

남원의 남쪽에 위치한 전라남도 구례에 갔어. 구례는 조선 후기 실학자 이중환의 〈택리지〉에서 사람이 살기 좋은 지역으로 꼽혔어. 지금은 해마다 봄이 되면 많은 사람들이 산수유 꽃 축제를 즐기기 위해 구례로 모여 들지. 가을이면 산수유 나무에 열린 빨간 열매를 볼 수 있어. 이 산수유 열매는 건강에 좋아 차로 마시기도 하고 한약재로도 쓰인대.

산수유 열매 구례는 우리나라 최대의 산수유 생산지야. 전국 생산량의 70%가 구례 산동면에서 나오지.

구례 산수유 마을 3월이면 구례 산수유 마을에 노란 산수유 꽃이 피어나는데, 이 시기에 산수유 꽃 축제가 열려.

구례 화엄사

산수유 마을에서 강변을 따라 내려가면 화엄사가 있어. 화엄사는 신라 때 지어진 절인데, 지리산의 절 가운데 가장 큰 규모래. 천 년이 넘은 절이라 그런지 각황전, 사사자 삼층 석탑, 〈삼신탱화〉 등 10여 개가 넘는 국보와 보물을 품고 있었어. 마치 지리산의 보물 상자 같았지.

화엄사 각황전 2층으로 지어진 건물로, 지붕을 받치는 장식이 매우 웅장해. 각황전 앞의 석등은 높이 6.36m로, 우리나라에 남아 있는 석등 중 가장 크지. 사진 왼쪽은 서 오층 석탑이야. 각황전 마당에 동 오층 석탑과 나란히 있지. 석등과 석탑은 각각 국보와 보물로 지정돼 있어.

화엄사 사사자 삼층 석탑 네 마리의 사자가 천 년이 넘는 시간 동안 석탑을 받치고 있어. 높이 5.5m, 국보.

은어구이

구례의 대표 음식은 은어야.
맑고 깨끗한 섬진강에서 잡을 수 있지.
은어는 강과 바다를 오가며 사는 생선인데,
비린내가 없고 고소해. 신선한
은어의 살에선 은은한
수박향이 난다고 하던데,
정말 수박향이 나더라고!
진짜 신기했어!

한국사

	1170년	정중부와 무신들이 난을 일으켜 권력을 잡다
	1176년	망이와 망소이가 난을 일으키다
	1179년	경대승이 권력을 잡다
	1183년	이의민이 권력을 잡다
	1193년	김사미와 효심이 봉기하다
	1196년	최충헌이 권력을 잡다
	1198년	노비 만적이 난을 일으키려다 발각되다
1200년	**1209년**	최충헌이 교정도감을 설치하다
	1219년	몽골과 처음으로 국교를 맺다
	1232년	몽골이 고려에 쳐들어오자 강화도로 천도하다
	1234년	《상정고금예문》을 금속 활자로 찍어 내다
	1236년	팔만대장경을 만들기 시작하다
	1241년	이규보의 문집 《동국이상국집》이 간행되다
	1253년	김윤후와 사람들이 충주성을 지켜 내다
	1258년	몽골이 한반도 이북 지역에 쌍성총관부를 설치하다
	1259년	고려와 몽골이 강화를 맺다
	1270년	원종이 개경으로 돌아가기로 결정하자 삼별초가 항쟁을 시작하다
	1273년	고려·몽골 연합군이 삼별초를 진압하다
	1274년	고려·몽골 연합군이 일본 정벌을 시도하다
	1280년	원나라가 정동행성을 설치하다
	1281년	일연이 《삼국유사》를 쓰다
1300년	**1314년**	충선왕이 원나라 대도에 만권당을 설치하다
	1335년	이곡이 원나라에 공녀를 줄여 달라는 내용의 상소를 올리다
	1343년	기철의 상소로 인해 충혜왕이 원나라로 끌려가다
	1351년	공민왕이 즉위하다
	1356년	공민왕이 쌍성총관부를 회복하다
	1359년	홍건적이 고려로 쳐들어오다
	1362년	원나라가 덕흥군을 고려 왕으로 세우겠다고 선언하다
	1363년	문익점이 원나라에서 목화씨를 가져오다
	1366년	신돈이 전민변정도감을 설치하다
	1367년	신돈이 성균관을 다시 설치하다
	1371년	신돈이 쫓겨나다
	1374년	공민왕이 죽고 어린 우왕이 왕위에 오르다
	1377년	《불조직지심체요절》을 금속 활자로 찍어 내다
	1380년	이성계가 황산에서 왜구를 물리치다
	1388년	이성계가 위화도에서 요동 정벌군을 이끌고 개성으로 회군하다(위화도 회군)
	1392년	조선이 건국되다

무인 석상

〈미륵 하생경 변상도〉의
추수 장면

일연

《불조직지심체요절》

세계사

1200년	**1189년**	영국의 사자왕 리처드 1세가 예루살렘을 정복하기 위해 나서다(제3차 십자군)
	1192년	일본 최초의 무사 정권인 가마쿠라 막부가 들어서다
	1192년	리처드 1세가 이슬람 통치자 살라딘과 평화 조약을 맺다
	1209년	칭기즈 칸이 몽골을 통일하다
	1209년	영국에서 케임브리지 대학이 세워지다
	1215년	영국 국왕 존이 귀족들의 권익을 옹호하는 〈마그나 카르타〉를 승인하다
	1215년	베트남에서 쩐 왕조가 수립되다
	1234년	금나라가 몽골에게 멸망당하다
	1235년	서아프리카에 말리 왕국이 건설되다
	1241년	유럽의 여러 도시들이 해상 교통의 안전과 상권 확장을 위해 한자 동맹을 맺다
	1242년	동유럽을 무너뜨린 몽골군이 오스트리아의 수도 빈을 공격하다
	1254년	신성 로마 제국에서 왕위 다툼이 심해져 왕이 없는 상태가 되다(대공위 시대)
	1258년	몽골군이 바그다드를 점령하여 압바스 왕조가 무너지다
	1265년	영국에서 최초로 의회가 소집되다
	1271년	몽골이 나라 이름을 원으로 고치다
	1279년	남송이 원나라에 멸망당하다
	1299년	오스만 제국이 건국되다
	1299년	마르코 폴로가 원나라에서 베네치아로 돌아와 《동방견문록》을 펴내다
1300년	**1302년**	프랑스에서 삼부회가 열리다
	1309년	프랑스 국왕 필리프 4세가 교황 클레멘스 5세를 프랑스 아비뇽에 가두다
	1314년	충선왕의 건의로 원나라에서도 과거 시험이 실시되다
	1321년	이탈리아 시인 단테가 《신곡》을 완성하다
	1337년	영국과 프랑스가 프랑스의 왕위 계승권을 놓고 백년 전쟁을 벌이다
	1338년	일본에 무로마치 막부가 들어서다
	1340년	원나라에서 고려인 기씨를 제2황후로 책봉하다
	1347년	유럽에서 흑사병(페스트)이 발생하다
	1350년경	남아메리카에서 잉카와 치무 왕조 간의 분쟁이 시작되다
	1358년	프랑스에서 농민 반란(자크리의 난)이 일어나다
	1368년	주원장이 명나라를 세우고 원나라를 몰아내다
	1369년	중앙아시아에서 티무르가 제국을 세우고 자신이 칭기즈 칸의 후예임을 자처하다
	1375년	해상 무역을 위해 동서양의 지리 정보를 담은 카탈루냐 지도가 제작되다
	1378년	로마와 아비뇽에 있는 교황들이 경쟁하기 시작하여 교회 대분열이 일어나다
	1389년	오스만 제국이 발칸을 장악하다

〈마그나 카르타〉

《동방견문록》

흑사병을 표현한
〈죽음의 무도〉

찾아보기

참고문헌

도록

《고려불화대전》, 국립중앙박물관, 2010

《고려시대를 가다》, 국립중앙박물관, 2009

《고려 왕실의 도자기》, 통천문화사, 2008

《고려청자 보물선: 강진, 태안, 그리고…》, 국립해양유물전시관, 2008

《국립공주박물관》, 국립공주박물관, 2010

《국립광주박물관》, 국립광주박물관, 2010

《국립김해박물관》, 국립김해박물관, 1998

《국립민속박물관》, 국립민속박물관, 1997

《국립중앙박물관》, 국립중앙박물관, 2000

《국립중앙박물관 100선》, 국립중앙박물관, 2006

《북한의 문화재와 문화 유적》, 서울대학교출판부, 2002

《서울의 도요지와 도자기》, 서울역사박물관, 2006

《오구라 컬렉션 한국문화재》, 국립문화재연구소, 2005

교과서

초등학교 5학년 2학기 《사회》, 2015

초등학교 5학년 2학기 《사회》, 2019

초등학교 6학년 1학기 《사회》, 2016

초등학교 《사회과부도》, 2019

주진오 외, 《중학교 역사(상)》, 천재교육, 2011

주진오 외, 《중학교 역사(하)》, 천재교육, 2012

한철호 외, 《고등학교 한국사》, 미래엔컬처그룹, 2011

책

김돈, 《뿌리 깊은 한국사 샘이 깊은 이야기 3》, 솔, 2014

김부식, 《삼국사기》, 한길사, 1998

김양진 외, 《박통사 원나라 대도를 거닐다》, 박문사, 2011

김영미 외, 《고려 시대의 일상 문화》, 이화여자대학교출판부, 2009

김영수, 《건국의 정치》, 이학사, 2006

김영재, 《고려불화》, 운주사, 2004

김인호 외, 《미래를 여는 한국의 역사 2》, 웅진지식하우스, 2011

김일우, 《고려 시대 탐라사 연구》, 신서원, 2000

김정희, 《불화: 찬란한 불교 미술의 세계》, 돌베개, 2009

김종서, 《고려사절요 상》, 신서원, 2004

김종서, 《고려사절요 중》, 신서원, 2004

김종서, 《고려사절요 하》, 신서원, 2004

김창현 외, 《고려 500년, 의문과 진실》, 김영사, 2001

김창현, 《신돈과 그의 시대》, 푸른역사, 2006

김헌식, 《신돈 미천하니 거리낄 것이 없네》, 창해, 2006

김호동, 《고려 무신정권시대 문인지식층의 현실대응》, 경인출판사, 2005

김호동, 《몽골제국과 세계사의 탄생》, 돌베개, 2010

도현철, 《고려말 사대부의 정치사상연구》, 일조각, 1999

류희경, 《우리 옷 이천 년》, 미술문화, 2008

르네 그루세, 《유라시아 유목제국사》, 사계절출판사, 1998

모리스 로사비, 《쿠빌라이 칸: 그의 삶과 시대》, 천지인, 2008

박종기, 《새로 쓴 5백년 고려사》, 푸른역사, 2008

박한제, 《아틀라스 중국사》, 사계절출판사, 2007

보르지기다이 에르데니 바타르, 《팍스몽골리카와 고려》, 혜안, 2009

서긍, 《고려도경》, 서해문집, 2005

송은명, 《인물로 보는 고려사》, 시아출판사, 2003

아틀라스 한국사 편찬위원회, 《아틀라스 한국사》, 사계절출판사, 2004

애덤 하트 데이비스 외, 《히스토리》, 북하우스, 2009

역사비평 편집위원회, 《논쟁으로 읽는 한국사 1》, 역사비평사, 2009

역사비평 편집위원회, 《역사용어 바로쓰기》, 역사비평사, 2006

오윤희, 《대장경, 천 년의 지혜를 담은 그릇》, 불광, 2011

윤경진, 《아! 그렇구나 우리 역사 8》, 여유당, 2005

윤용혁, 《고려 삼별초의 대몽항쟁》, 일지사, 2000

위은숙, 《고려후기 농업경제연구》, 혜안, 1998

이기영, 《나, 깨진 청자를 품다》, 효형출판, 2011

이승한, 《쿠빌라이 칸의 일본 원정과 충렬왕》, 푸른역사, 2009

이승환, 《고려 무인 이야기 1》, 푸른역사, 2003

이승환, 《고려 무인 이야기 2》, 푸른역사, 2003

이승환, 《고려 무인 이야기 3》, 푸른역사, 2003

이승환, 《고려 무인 이야기 4》, 푸른역사, 2005

이영, 《잊혀진 전쟁 왜구》, 에피스테메, 2007

이윤섭, 《역동적 고려사》, 필맥, 2004

이이화, 《한국사 이야기 6. 무신의 칼 청자의 예술혼》, 한길사, 1999

이정신, 《고려 시대의 정치변동과 대외정책》, 경인문화사, 2004

이태진, 《의술과 인구 그리고 농업기술》, 태학사, 2002

일본사학회, 《아틀라스 일본사》, 사계절출판사, 2011

일연, 《삼국유사》, 을유문화사, 1994

임기환 외, 《현장 검증 우리 역사》, 서해문집, 2010

임영미, 《한국의 복식문화 1》, 경춘사, 1996

임용한, 《난세에 길을 찾다》, 시공사, 2009

임용한, 《전쟁과 역사 3 고려 후기편: 전란의 시대》, 혜안, 2008

장남원, 《고려 중기 청자 연구》, 혜안, 2006

전국역사교사모임 외, 《마주 보는 한일사 1》, 사계절출판사, 2006

전국역사교사모임, 《살아있는 한국사 교과서 1》, 휴머니스트, 2012

전상운, 《한국 과학사》, 사이언스북스, 2000

정성희, 《인물로 읽는 고려사》, 청아, 2000

정양모, 《고려 청자》, 대원사, 1998

중국사학회, 《중국역사박물관 8》, 범우사, 2004

지오브리 파커, 《아틀라스 세계사》, 사계절출판사, 2004

최형철, 《박물관 속의 한국사》, 휴머니스트, 2007

한국역사연구회, 《14세기 고려의 정치와 사회》, 민음사, 1994

한국사연구회, 《새로운 한국사 길잡이 上》, 지식산업사, 2008

한국사특강편찬위원회, 《한국사특강》, 서울대학교출판부, 2008

한국생활사박물관 편찬위원회, 《한국생활사박물관 7》, 사계절출판사, 2002

한국생활사박물관 편찬위원회, 《한국생활사박물관 8》, 사계절출판사, 2003

한국역사연구회, 《고려 시대 사람들은 어떻게 살았을까 1》, 청년사, 2005

한국역사연구회, 《고려 시대 사람들은 어떻게 살았을까 2》, 청년사, 2005

한국역사연구회, 《모반의 역사》, 세종서적, 2001

한영우, 《다시 찾는 우리 역사 1》, 경세원, 2010

홍영의, 《고려말 정치사 연구》, 혜안, 2005

홍윤식, 《한국의 불교미술》, 대원사, 2003

황정일, 《신돈의 나라》, 생각의나무, 2005

사진 제공

19 현릉의 무인석과 문인석(《민족21》) / 21 《무예도보통지》에 실린 권법 훈련 모습(서울대학교 규장각한국학연구원) / 31 《불정심 관세음보살 대다라니경》(국립중앙박물관) / 35 〈격구도〉(마사박물관) / 39 이규보의 《동국이상국집》(서울대학교 규장각한국학연구원) / 52 명학소 민중 봉기 기념탑(북앤포토) / 60 〈미륵 하생경 변상도〉의 추수 장면(시몽포토) / 61 윤단학 노비 허여 문기 및 입안(한국학중앙연구원) / 82 《여지도》의 강화도 부분(서울대학교 규장각한국학연구원) / 84 강화 고려 궁지(겨레문화유산연구원) / 87 처인성(인사혁신처 국민기자단 사람나래 이재형) / 91 〈김천 속모〉(서울대학교 규장각한국학연구원) / 100 진도 용장성(꿈많은 초보농군_https://blog.naver.com/sstsms/222396806371), 제주 항파두리 항몽 유적(국가유산청) / 101 〈고려첩장불심조조〉(국립제주박물관) / 116~117 〈몽고습래회사〉(국립제주박물관) / 117 〈공마봉진〉(국립제주박물관) / 124 청백자 봉황무늬 주전자·청백자 꽃 넝쿨무늬 납작 병·청자 구름무늬 육각모양 향로·청자 사각모양 향로(국립중앙박물관) / 126 이제현의 〈기마도강도〉(국립중앙박물관) / 127 안향·이제현(국립중앙박물관) / 128 고려인 라마단 묘지명(연합뉴스) / 129 순천 송광사 티베트문 법지(송광사 성보박물관) / 131 《몽어노걸대》(서울대학교 규장각한국학연구원) / 132 족두리(국립민속박물관) / 135 청자 상감 원숭이무늬 항아리(국립중앙박물관) / 146 《초조본 대보적경 권59》(국립중앙박물관) / 148 팔만대장경(토픽포토) / 149 팔만대장경판(e뮤지엄 홈페이지) / 152 《불조직지심체요절》(시몽포토) / 153 고려의 금속 활자(국립중앙박물관) / 154~155 금속 활자를 만드는 방법(청주고인쇄박물관) / 156 일연(시몽포토), 《삼국유사》(서울대학교 규장각한국학연구원) / 157 김부식(동강 권오창 작, 국가표준영정) / 164 감지금니대방광불화엄경입불사의해탈경계보현행원품》(호림박물관) / 165 장곡사 금동 약사 여래 좌상·발원문(국가유산청) / 166 청자 상감 구름 학무늬 매병(간송미술관), 청자 풀꽃무늬 꽃모양 받침잔•청자 투각 칠보무늬 향로(국립중앙박물관), 청자 상감 인물화무늬 매병(이화여자대학교박물관) / 167 청자 상감 모란무늬 표주박모양 주전자•청자 사자모양 뚜껑 향로•청자 원숭이모양 먹항아리•청자 투각 상감 귀갑무늬 상자(국립중앙박물관) / 169 청자 철화 모란 넝쿨무늬 난간(호림박물관), 청자 상감 모란 구름 학무늬 베개•청자 인각 모란무늬 기와(국립중앙박물관), 청자 상감 새 꽃무늬 의자(경기도박물관), 청자 상감 새 꽃가지무늬 도판(삼성미술관 리움) / 171 나전 경함(국립중앙박물관) / 175 동화사 보조 국사 지눌 진영(Wikipedia) / 178 청주 고인쇄 박물관·청주 고인쇄 박물관 전시 모형(포토마토) / 179 용두사지 철당간·용두사지 철당간 명문(국가유산청), 명암저수지(PIXTA) / 180 국립현대미술관 청주 내부·국립현대미술관 청주 외부(포토마토), 상당산성(traveling Jiny) / 181 청남대·청남대 가로수길(청남대관리사업소), 청남대 호수갤러리(포토마토) / 185 영주 부석사 무량수전(북앤포토) / 186 무량수전 현판(북앤포토) / 190 금동 대세지 보살 좌상(호림박물관) / 191 개성 경천사지 십층 석탑(국립중앙박물관) / 194 〈천산대렵도〉(국립중앙박물관) / 199 안동 놋다리 밟기(연합뉴스) / 204 노국 공주와 공민왕(국립고궁박물관) / 209 현릉과 정릉(시몽포토) / 212 목화솜(Shutterstock) / 219 이색(국립중앙박물관) / 221 개성 성균관(시몽포토) / 225 《대학》(서울대학교 규장각한국학연구원) / 226 주희(김달진미술자료박물관) / 234 정지 장군 갑옷(복원)(전쟁기념관) / 239 이성계의 칼(국립고궁박물관) / 242 최무선 추모비(북앤포토) / 250 광한루와 오작교(PIXTA) / 251 남원 춘향제(춘향제전위원회), 월매집·파괴된 황산 대첩비(국가유산청) / 252 구례 산수유 마을(PIXTA), 산수유 열매(푸른안개 변귀옥) / 253 화엄사 각황전(PIXTA), 사사자 삼층 석탑(국가유산청), 은어구이(월간 여행스케치)

정답

03 수학, 마차
04 ①
05 ①

5교시
----
01 ①
02 ① 김부식   ② 일연
03 불조직지심체요절
04

목판	금속 활자
①, ③	②, ④

05 ②

1교시
----
01 ④
02 ⑤
03 ③
04 ① 교정도감   ② 마별초

6교시
----
01 ②
02 a 권문세족   b 부원 세력
03 ④
04 ②

2교시
----
01 ③
02 ④
03 ③
04 ②

7교시
----
01 ②
02 안향
03 ①
04 ①
05 ⑤

3교시
----
01 ①
02 ③
03 ①
04 ③

4교시
----
01 ②
02 ③

용선생의 시끌벅적 한국사 ⑤ 고려, 위기 속에서 길을 찾다

저자 현장 강의 전면 개정판(양장판) 1쇄 발행 2023년 5월 2일
저자 현장 강의 전면 개정판(양장판) 2쇄 발행 2024년 11월 25일

글 금현진, 주유정, 송용운 | 그림 이우일
정보글 송용덕 | 지도 박소영, 조고은 | 기획 세계로
검토 및 추천 전국초등사회교과모임
자문 및 감수 정요근
어린이사업본부 이승필
편집 송용운, 김형겸, 오영인
마케팅 윤영채, 정하연, 안은지
경영지원 나연희, 주광근, 오민정, 정민희, 김수아, 김승현
디자인 가필드
조판 디자인 구진희, 최한나
사진 북앤포토, 포토마토

펴낸이 윤철호
펴낸곳 (주)사회평론
전화 02-326-1182
팩스 02-326-1626
주소 03993 서울시 마포구 월드컵북로6길 56 사평빌딩
용선생 클래스 yongclass.com
용선생 카페 cafe.naver.com/yongyong
출판등록 1993년 10월 6일 제 10-876호

ⓒ 사회평론, 2016

ISBN 979-11-6273-270-0 63900

종이에 손을 베지 않도록 주의하세요.
책 모서리에 다칠 수 있으니 책을 던지지 마세요.